ONE TO 从1到1000 让连锁店突围 ONE THOUSAND

LET THE CHAIN STORE BREAK THROUGH

连锁问问

编著

SPM

南方出版传媒

广东经济出版社

—广州—

图书在版编目（CIP）数据

从1到1000：让连锁店突围 / 连锁问问编著. —广州：广东经济出版社，2017.12（2019.11 重印）
ISBN 978-7-5454-5742-1

Ⅰ. ① 从… Ⅱ. ①连 … Ⅲ. ①连锁店-商业经营
Ⅳ. ①F717.6

中国版本图书馆CIP数据核字(2017)第191181号

出 版 人：姚丹林
责任编辑：周 晶 刘 倩
责任技编：许伟斌

从1到1000：让连锁店突围
Cong 1 Dao 1000：Rang Liansuodian Tuwei

出版发行	广东经济出版社（广州市环市东路水荫路11号11~12楼）
经销	全国新华书店
印刷	广东信源彩色印务有限公司 （广州市番禺区南村镇南村村东兴工业园）
开本	889毫米×1194毫米 1/32
印张	8.5 2插页
字数	190千字
版次	2017年12月第1版
印次	2019年11月第3次
印数	6001~7000册
书号	ISBN 978-7-5454-5742-1
定价	49.80元

广东经济出版社网址：http://www.gebook.com 微博：http://e.weibo.com/gebook
发行部地址：广州市环市东路水荫路11号11楼
电话：(020) 87393830 邮政编码：510075
如发现印装质量问题，影响阅读，请与承印厂联系调换。
广东经济出版社常年法律顾问：胡志海律师

推荐语

破茧成蝶——让中国连锁店突围

“世界潮流浩浩荡荡，顺之则昌逆之则亡”，孙中山先生提出的名言，何等气概，激励后人，沿用至今亦不为过。

中国经济发展一日千里，做大企业，千载难逢。连锁是企业做大必经之路，欧美国家已经历了100多年，而中国连锁企业才刚刚起步，中国需要做大做强连锁品牌。

一群20多年前从事国际著名连锁品牌运营管理的连锁斗士，学成回归，有志于将国际连锁品牌的管理经验和知识传授给正在崛起的中国连锁企业经营者。

此书汇聚多位中国连锁实战专家的经典案例与精辟解读，涵盖零售、餐饮、“互联网+”等连锁众多领域知识。这是一本值得让所有做连锁企业的人好好读的书。

中国雏鹰农牧集团董事长

侯建芳

本书作者团队

（按姓氏拼音排序）

陈煜伟　冯建华　赖铁勇　李林春　李小洁

梁峥嵘　刘秋琼　罗　英　区锐强　谭　越

王　鑫　王元聪　武向阳　叶　君　曾卓荣

张　驰　赵连军　周其高

序

FOREWORD

中国连锁企业管理体系建设，如何做大做强企业规模和品牌，一直都是中国民营连锁企业家关注的重要企业经营问题。这本书选取了多位拥有20年以上国际连锁企业管理经验的高管们分享的实战管理心法。这些心法、管理方法论，都是总结他们职业生涯中成功的实操经验和外资企业经过千锤百炼的管理系统与经验，对国内连锁企业家和高管们具有重要参考价值。

近年来，中国连锁企业经历了一段高速成长阶段，许多国内连锁企业已经成长到一定规模，但同时也伴随着管理系统、人力资源体系跟不上企业扩张和内生发展的需求。在发展到一定规模的时候，许多连锁企业面临如何突破管理瓶颈，如何更好、更快地培训管理人才的突出问题。同时，这些企业也缺乏顶层设计和战略规划的经验。向成功的国际连锁企业学习经验是一个非常好的解决路径，广州问问信息科技公司打造的问问连锁大学堂，非常契合时代的发展，将拥有成功职业操盘经验的国际连锁企业高管的经营理念通过互联网技术分享给企业家朋友们。这本书收集了各位专家老师在微课堂、问问连锁大学堂在线教育平台、问问连锁商学院授课的专业内容，言简意赅，实战性、系统性强，非常适合连锁企业家和企业高管们参考阅读。

中国经济正面临转型调整，经济调整为连锁行业洗牌创造了条件，经济复苏又会为连锁企业扩张注入动力。我相信那些拥有高效连锁管理系统和专业管理团队的连锁企业，制定适时的企业发展战略并落实执行，其内生性增长能力将逐步展现，这些优质连锁企业，特别是在区域内具有强势地位的企业，将获得更多的市场发展空间。期待，中国民族连锁品牌屹立于中国，走向世界，让中国人也拥有真正意义的国际性连锁品牌。

赖铁勇

2017年9月　广州

目录

CONTENTS

第三章 连锁门店业绩提升的奥妙

第四章 连锁门店拓展真经

第五章 做好连锁与“互联网+”

第六章　大咖畅谈连锁企业管理与培训

第一章
解密新时代的连锁世界

1 餐饮企业如何在激烈竞争的环境中持续领先

区锐强

餐厅经营的核心——如何让每天的营业额超越盈亏平衡线。营业额超过盈亏平衡线就有利润，超过越多就将产生更多的边际利润。营业额=来客数×客单价，一般来说，客单价是通过产品定价和餐牌设计决定的，相对固定，因此依据盈亏平衡线，餐厅就可以算出每天必须进店多少客人才可以保本。

假设盈亏平衡线是每天8000元，客单价是40元，意味着只有进店人数达到200人才可以保本，超过200人就可以盈利了。每天吸引200人以上就是最基本的经营目标。那么每天如何吸引更多的客人进店？一般是通过模式设计以及产品、服务、附加值等全面打造提高新进客户数量，确保每个客人满意，从而成为回头熟客。专业统计数据显示，一个客人在餐厅消费满意后会分享给5位朋友，形成口碑传播，因此如何提高顾客回头率成为是否盈利的最大挑战。

回归本质，餐饮竞争的核心要素是产品，高品质色、香、味、型俱佳的产品才能持续吸引消费者。一间餐厅面对激烈的市场竞争，再好的产品都会面临消费者消费疲劳的问题，吃多会腻，特别是时下的年轻消费者喜欢尝新，消费心理学表明消费者在尝试新产品超过5次后新鲜感就会退却。因此，现在餐厅必须每年都对老产品升级并且定期研发新品，才会让消费者感到新鲜，进而持续关注您的品牌。

案例

肯德基和麦当劳几乎在27年前同时进入中国市场，一直都在竞争。据内部数据统计，目前肯德基在中国市场开店超过5000多间，麦当劳只有2000多间，无论从品牌、规模还是从营业额等各个指标，肯德基都是世界范围内唯一超过麦当劳的公司。专业地分析原因，在品牌本土化、研发本土化、营销本土化、人才本土化和保留方面，肯德基更接地气，在迎合中国市场消费者的需求方面超越麦当劳。

现在重点讲的是肯德基的成功要素——新品研发，大家都知道肯德基的基础产品是鸡腿汉堡、原味鸡、辣鸡翅、薯条、沙拉等，奥尔良鸡翅、蛋挞、京葱肉卷、米饭，甚至凉茶等产品是根据中国市场研发的。大家没有注意到的是，肯德基每年研发的新产品超过20多种，平均每两个月都有新品上市。

因为肯德基是快餐类品牌，所以新品推出是采取单品最大化的发布模式。单品上市期间，海报、餐牌灯箱、吊旗、柜台上都会有精致的新品推荐，让客人在路过和进店时被产品广告所吸引，加上收银员的推荐，客人就会很欣慰地购买品尝，这样就让消费者体验到不断有新鲜的产品，强化记忆，甚至每两个月都在期待新的产品。专业分析指出，肯德基的快餐熟客平均每月光临近3次，2个月6次，在客人即将吃腻的时候有新品推出，持续吸引老顾客。而麦当劳一直保持全世界统一的经营模式，强化营销和品牌推广，产品研发周期极慢，一直都是以巨无霸等汉堡类为主，没有真正贴近中国市场，所以在中国市场肯德基的竞争力远远超越麦当劳。

中国餐饮市场博大精深，各地菜系历史源远流长，以烹调造诣高深、口味多样化闻名世界。餐饮企业要在中国市场赚钱，单靠品牌营销拉动产品的单一模式基本走不通，所以为什么餐饮企业单品容易引爆市场，但最后都是面临生命周期不长、盈利能力不能持续的问题。

餐饮如何做到专业到位的研发，从而提高回头率

目前在餐饮市场为了经营的聚焦以及适应标准化连锁发展，大家都在精简餐牌的品种，或者推崇单品火爆经营，但是精简产品和单品经营不代表不研发，任何产品都要研发，不断推出新产品吸引客人。

整体的研发策略

（1）如果是快餐类别的餐饮，可以参考肯德基的模式，每2个月推出新的产品，而且是单品极致的店铺营销推广。

（2）如果是单品引爆的餐饮，建议是聚焦品类，研发更多

品种，例如餐厅是聚焦“鱼”主题的，可以推出不同口味的鱼，以及不同烹调方法的鱼，也是2个月的周期推出，确保产品的新鲜感。

（3）如果是主题菜系的餐厅，品种在150个以内的餐厅，可以参考下面的案例进行研发。

案例

我曾在2004—2009年操盘当时国内较成功的西餐连锁企业绿茵阁餐厅。绿茵阁于1989年创立，广州直营店有近30间，拥有大量回头熟客。在2004年品牌已经经营15年的时候，由于餐饮市场竞争激烈，客人分流严重，而且团队开始吃老本，研发的产品少而且没有系统思维，让消费者明显感觉到品牌老化了，可以说渐渐呈现危机，甚至连创始人都怀疑品牌是否的确老化了。此时我全面接手出任COO，通过考察市场和与团队的深度交流，我提出了通过研发推出新产品激活市场的策略，拉动更多的老顾客回头。

（1）主餐牌，彰显企业的实力和权威地位。由于更换餐牌工作量大且成本高，我们定位每18个月更换升级，品类精简，保留升级拳头产品，去掉销售排名末尾的产品，同时增加通过主题营销、节日营销、季节营销研发出来的点击率高的产品，这些产品已经经受过市场的测试。主餐牌彰显品牌的定位和文化，因此在设计和包装上要不断升级，确保在体验感方面领先市场。

（2）主题营销的餐牌，彰显品牌的定位和文化主张。每45天为周期策划与供应商合作共同推动的主题美食节，例如：雏鹰放心猪肉美食节、美国阿拉斯加美食节、泰国泰皇美食节、希腊橄榄油美食节等。因为西餐进店客人一般一个月2次，45天美食节周期客人也就来了3次，在消费疲倦的时候以新的美食节持续吸引客人。主题美食节在操作上不要复杂，只需准备5~8款经典的产品，用夸张餐牌、吊旗、展台、台插以及服务员销售提成的激励模式，营造全场销售空间和氛围，促成点击率。当时雏鹰放心猪肉美食节创造了一天30间店5000份点击率的记录。消费者吃到顶尖食材烹制的产品，餐厅通过高的点击率赢取了利润，增加了口碑，供应商则通过餐厅的平台提高了品牌的知名度，这类主题营销可以说是“三赢”。据我的观察，同时期国内还没有一个连锁餐饮在主题营销方面的运营达到我们当时的水平。

（3）节日餐牌，实现品牌与顾客的互动。根据西餐的定位，把全年的节日分级别，情人节、圣诞节作为A级，其他作为B、C级，有针对性地研发套餐和节日餐，节日的顾客进店人数成倍增加，很多平时不来的客人，我们可以通过节日的产品打动顾客，吸引他们平时来。

（4）季节餐牌，彰显品牌对顾客的关怀。我们选择了酒水和时令产品作为季节性的餐牌，也是3~5款的模式。冬天吃到热腾腾的产品，夏天吃到冰凉清爽的产品，很容易打动顾客。

（5）时段餐牌，挖掘更多客户需求。分商务午餐和下午茶餐牌，由于我们很多店的商圈临近商务区，中午时段逛街的客人比较少，很容易空场没有营业额。我们针对白领推出3款25元的商务午餐组合，这样吸引大批白领进店消费，中午时段客人经常爆满。还有3款19元的下午茶套餐，仅限下午2点到5点供应，吸引一些逛街的主妇和商务洽谈的白领。当然时段餐牌的更换频率要快，一般商务午餐2个月更换、下午茶是3个月更换。

以上分享的策略估计很多餐饮老板看了第一反应就是太复杂了，需要吗？当然需要。连锁不是简单的复制粘贴，我们同样是民营家族企业，专业的带领和营运全都做到了，不需要太多的费用和成本。当时我们有总部机制，其中3人研发部，5人市场部，人均工资4000元/月，这样的人力成本就把以上的策略执行到位，具体怎么操作日后我会通过文章持续分享。刚开始推动这么多工作，团队是有抱怨的，我只有自己带着大家干，不断总结，最后大家已经养成良好的习惯，并且掌握高超的技能，出色完成所有策略。所以，我一直强调市场竞争没有所谓的高手，做到别人做不到的才是高手。

2004—2009年，我们通过以上的研发系统不断研发，来客数明显地增加，开始第一年有20%的老顾客回头，坚持到第三年就有接近60%的老顾客回头，营业额持续每年2位数增长，纯利润翻了3倍。当时很多我的同学来捧场体验我们的美食节，45天的周期不同主题持续执行，有些同学出差回来马上打电话问我："老区，现在在做什么美食节？"这样的节奏真的能吸引顾客的期待。最后我们的研发不断成功，拉开了与竞争对手的差距，2007年我们最大的西餐连锁竞争对手，宣告转型中餐小炒，彻底把市场拱手相让。

餐饮是一个可以创造奇迹成就百亿连锁规模的市场，但需要的是全面运营的能力，在模式、品牌、营销、研发、运营、供应链、人力资源等全方位都要做到没有短板。因此，我会持续在以上的模块根据我实操的经验全面分享给大家，共同打造餐饮的连锁帝国。

作者简介：连锁大学堂平台创始人，暨南大学校外导师。具有23年大型连锁企业运营管理经验，是中国最早一批连锁专业管理人才。曾服务过著名的世界500强连锁企业：肯德基、BP英国石油，曾任绿茵阁餐饮集团首席运营官（COO）、雏鹰农牧集团股份有限公司副总裁，成功地将国际连锁品牌连锁体系融入民营连锁品牌企业中。现致力连锁企业培训工作，被业界称为“连锁行业活字典”，经培训的企业家、店长超过9000人。现为广州问问信息科技有限公司董事长。

连锁活字典是由区锐强创办的微信公众自媒体平台，通过语音、文章、视频以及直播形式，点析经典案例，分享实战经验，助力各个民营连锁企业规模发展。

2 深度解密广州火爆的餐饮连锁企业“禄鼎记”

区锐强

目前市场竞争极度激烈，如何让品牌在竞争中脱颖而出？这是对每一位决策者绝对的挑战。很多企业家埋头苦干，兢兢业业，但与其闭门造车，不如参考成功的案例，博众家之长，于模仿中创新。以前做餐饮的行家都说“不会偷同行餐牌的餐饮人，不是合格餐饮人”，我当时在广州操盘连锁餐饮时，会每季度定期带领研发和营运团队去香港、澳门等地考察顶尖餐饮，同时“偷取”餐牌回来作为研发新菜的参考素材，这样就确保了品牌的菜品不断创新，领先市场。

因此“连锁活字典”[①]会在未来的日子里，对时下最火爆的连锁餐厅进行实地考察体验，用专家和顾客的角度解密这些连锁品牌成功之道和未来的风险，希望对在路上的企业家和管理者有

---

① “连锁活字典”是由区锐强先生创办的微信公众号平台，通过语音、视频、文章及直播的形式，点析经典案例、分享实战经验、助力民营连锁企业规模发展。

所启发，观点不存在正确与否，但我们遵循用连锁系统的思维来解读，欢迎大家一起探讨。

问起广州火爆的餐厅，估计很多人都会提名“禄鼎记”——这家广州著名的“排队”餐厅，在大众点评、美团等用户评论里经常能看到“前方还有一百多桌”“足足等了两个多小时”这样的字眼。禄鼎记自2012年开业，目前在广州有多家店。它在选址上很用心，全都位于年轻人扎堆的休闲消费场所，周围往往布局了酒吧街或商业综合体，这些区域营业时间比较长，而且有商场、电影等业态环绕，可以很好地互相补充。

为何要叫“禄鼎记”

创业之初，创始人禄叔把禄鼎记的品牌形象定位在“财神”和“喜庆”，还有“油，我们只用一次”上面。在广东话中，打火锅中“禄”是一个动作，而“禄”代表了财神的形象，再结合周星驰的喜剧电影“鹿鼎记”，于是禄叔的“禄鼎记”便出来了。

“油，我们只用一次”

开业几年来，禄鼎记的菜单品类几乎没有发生改变，只在原材料和烹饪方式上做过微调。目前，菜单中只有四大系列：凉菜、涮菜、火锅和麻辣，四五页就可以展示完毕，其中最出名的就是酸菜鱼了。围绕这个核心产品，还有一句核心口号：“油，我们只用一次”，它代表了禄鼎记和传统川菜的区别，形成了品牌性格，出现在店铺的醒目位置。

逆反性的表现往往是超越传统、跨过边界，禄叔一开始就纠正说，这里是不是一家“广州本土的店铺”，是不是“川菜馆”，是不是“卖正宗的酸菜鱼”，这些都不重要。菜系和地域的边界早就已经模糊了，所以你会看到一个非常广味的名字，然而卖的却是麻辣火锅；所以你会看到和“新派川菜”很像的“粤菜川做”，涮料中会出现手打牛肉丸、生猛海鲜等港式火锅食材。

令禄叔对饮食传统产生“觉悟”的，是一位潮菜大师的“卤水”手艺。当时这位潮菜大师用最新鲜的食材做卤水菜式，而根据以往经验，“卤水”都被认为要够“老”才好吃。在那一顿潮菜宴之后，彻底颠覆了禄叔对所谓“传统”的理解。

“哪怕是食材做法上的一点点改变，都会引起很大的变化。”这一顿饭对禄叔产生了很大的启发。

目前的市场处于消费升级和分层的趋势，年轻人喜欢的空间、服务、产品都有自己的标签和个性。传统餐饮已经无法满足年轻人的需求，例如广州的广州酒家由于太传统，光临的客人年轻人不太多，所以说现在餐饮商业模式的设计不是光靠产品就行了。经过对禄鼎记的实地考察，我们对此进行了以下解读：

解读1：产品定位

禄鼎记属“本土化”创新的川菜，川菜的口味浓郁、味重、刺激，这是年轻人喜欢的口味；川菜有极强的群众基础，容易上瘾，重复消费率高；“油，我们只用一次”差异化主张凸显健康安全，消除对川菜使用老油的诟病；产品“本土化”改良，引入新鲜材料、鲜咸辣适中，广州人能够接受；关键是客单价定位在

70～80元（广州大众化水准），而且产品的分量充足让客人感觉非常实惠，年轻人感觉性价比超值！有一个原则：定位年轻人设计产品的客单价绝对不能高于本地大众消费的平均水平。

还有一个细节，禄鼎记生意火爆收入稳定，经营团队对毛利控制非常科学合理，具体是非常舍得对产品的配料在分量和品质方面进行投入，这样会让产品品质更佳，记住餐饮越赚钱越要升级产品材料回馈顾客，生意好，规模运作成本不会增加的，偷工减料无疑是自杀，同时对原材料的升级就是防御竞争对手的“护城河”，新晋竞争对手一般不敢升级原材料。

解读2：环境定位

如何打造一个年轻人喜欢的场景？首先装修上禄鼎记采用“1+1>2”的现代化手法演绎传统，保留最传统的琉璃瓦风格，餐具使用青花玲珑碗，配合八宝茶和长嘴壶茶艺，把传统的特色彻底保留下来；但座椅等使用简洁时尚的元素，让年轻人用餐时感到无拘无束。经常有人说传统文化就是厚重的，但会给人压抑的感觉。我们可以通过材质（玻璃琉璃瓦）、灯光、座椅的风格等细节融入现代时尚元素，这样的“feel”年轻人会喜欢；背景音乐也是品牌的核心要素，禄鼎记一直播放的是“放克Funk（打击乐）”“HOUSE（电音）”等“T台”风格音乐，轻快和时尚就是年轻人的“菜”。

解读3：服务定位

员工服装简洁年轻化，让年轻客户感觉是自己的“同类”，而且服务亲切而快捷，很对年轻人的“路”，服务过程中对衣服与手机的处理细节达到“海底捞”水准。传统川式“八宝茶”服务以及牙签是“上上签”的互动细节也是吸引年轻人的细节。

综合来看，禄鼎记在产品、环境、服务等全方面聚焦年轻人的喜好。我们也走访了禄鼎记餐厅周围的餐饮品牌，可以发现年轻人会选择禄鼎记，是因为这里是他们喜欢的场景，其内涵已经超越餐饮本身的内涵，超越了市场所定义的“网红”餐饮，长时间等位也心甘情愿。

“连锁活字典”建议

禄鼎记“油，我们只用一次”的产品差异化已经深入民心，整体体验感及潮人定位已经超越竞争对手。经过大众点评网的推动以及与其他潮牌异业联盟的合作推广，还有长期客人等位的品牌效应，禄鼎记开业几年已经在高手如云的餐饮市场异军突起，稳定立足。

对于今后的发展，“连锁活字典”有以下建议：

（1）2012年到2016年开4间店，规模发展的节奏比较合理，不急功近利。而且每间新店都在升级，产品一直在优化，说明连锁发展的基础非常好。建议不要开设加盟店，以直营或者联营控股的模式发展，确保品牌和产品品质稳定性。

（2）目前相似的竞争品牌还没有成形，建议花更多精力打造连锁发展的基本功，建立中央厨房和配送中心支撑连锁发展，周期性研发产品。以单品做透的模式吸引回头客，千万不能打破现在的产品结构矩阵，保持现在的客单价和产品分量设计，合理的利润前提，不断升级原材料，挖深与竞争对手之间的“护城河”。

（3）制定年度营销方案，围绕新产品、时尚主题、节日、季节、会员等策划一年的营销活动，达到吸引顾客、彰显文化、与客互动，让客户感觉超值的目的。

（4）打造强大的总部架构，目前企业的收入绝对可以支撑总部费用，连锁发展超过10间店需要强大的总部支撑，建立营运、市场、研发、拓展、人力资源、培训、工程、财务、物流配送、中央配送等部门，聘请专业部门经理，制定工作流程绩效考核，“强部门，轻门店”连锁才会健康发展。

（5）“店长强，则连锁强”，持续培养店长，每间店都安排副店长，聘请外部专业机构代培店长，为连锁发展储备关键人才，避免被“老店长”绑架的尴尬。

禄鼎记通过自己的摸索，开拓了时下年轻人喜欢的“潮人”川菜，迈出了坚韧的一步，为打造90后喜欢的餐厅树立了成功的榜样，值得所有同行尊重和学习。只要尊重连锁发展的规律，沉下心来打造连锁系统的基础，未来一定可以成为全国性的知名品牌。

3 如何面对连锁经营的大趋势

区锐强

中国连锁经营的走势如何？我们作为企业家在做决策、战略规划的时候，都要思考大环境的走势，然后结合自己行业的特征和专业的思维来做到更好。不管环境怎么样，企业都要有专业的应对方法。那怎样才能跟得上时代的节奏，能根据大环境进行匹配？如何应对现在所有的挑战？这都是我们要思考、解决的问题。而解决这所有问题的前提是：你必须知道我国连锁经营的趋势。

连锁经营的趋势是什么?

我们说做企业要跟大环境配套，做决策要顺应大环境。当然大环境也可以从不同的维度去判断，从专业的角度来说这叫政治经济学，政治放在第一，经济放在第二。中国经济的整体现状是从高速地增长到回落，这是不可避免的。关键在于到底是软着陆还是硬着陆？对行业的影响有多大？我们不是财经节目，不会仔细探讨。首先看到很多行业的增长趋势是放缓的，包括股票市场、投资市场、房地产、第一产业——煤矿等国家的支柱产业。那第三产业——服务行业会不会放缓呢？因为同属于一个经济大环境，消费力下降会导致汇率紧缩，一紧缩，市场也会产生变化或引起联动效应，顺带影响其他行业。当然大环境对每个行业的影响不一样，大家要仔细去判断。现在不是一个盛世，而是一个调整期，甚至是一个紧缩期，所以企业也应当做相对应的调整。

这两年我们发现在“大众创业，万众创新”这个政策出台后，很多连锁服务、零售、餐饮、美容等以线下开店为主的企业都冲到线上去了。在互联网背景下，大家都在投资、开店、开发项目。所以说在未来，整个行业竞争的激烈度会加剧，因为开店创业的人越来越多。另外一个是中国的热点在转移，之前在煤矿、房地产行业能赚到钱，但经过行业的“增长—萎缩—增长—萎缩”这种规律后，投资机会就越来越少了，而这些资金又必须要找出路，因此找项目是他们最有利的选择。虽然服务、零售行业的投资回报不是特别大，但是现金流非常好，这就使很多行业的资金进入这个行业。

大众点评网总结出来的数据上就显示广州2016年开了六万多家餐厅。比如，之前我们在广州江南西开绿茵阁的时候，餐厅是屈指可数的，现在动不动就是餐饮街；一座购物中心首先招商的也是餐饮，连房地产操作也是以餐饮为先，对餐饮店优惠，吸引餐饮进来，让餐饮先拉动人气，这六万多家餐饮店就是这样来的。以前我们说开餐饮的是行内人，可能是中餐饮协会的哪个老板，他做了多少年、有没有经验、是不是老行家，你都会清楚。现在你随便去留意开餐饮的老板会发现，天哪，好多都是外行进来的“土豪”级人物，他们通过连锁的思维抢占市场，不管水有多深先跳下水，所以有的人直接就开几十家店进行试水，这就导致了行业的极度竞争。

从餐饮的例子反馈到其他行业，你会发现只要是零售服务行业都有这种现象。所以说，老牌传统优质的商业店，不管你是做餐饮、美容还是零售，现在都遇到一个空前的冲击。从市场的规律来看，只要新对手开张，消费者肯定会去尝新，这是人性的消费心理，这会导致你原有的客户被分流。以前，绿茵阁总是先开，当市场打透了，很有生意的时候，对手“蒙地卡罗西餐厅”就会挨着它开，导致绿茵阁生意下降，因为客人都去尝新了。所以，在这个竞争激烈，客户流动也很大的情况下，现在好多企业的来客数都在下降，这就是我们所说的竞争无处不在。另外，互联网现有的价格、免税等优惠，也在抢占客源，分流了不少客人，其中零售的冲击最大。

还有一个就是通过平台整合——“跨界打劫”。像现在的外卖，已经抢占了很大的客户市场，大家越来越不喜欢到店消费，这样就少了很多来客数。消费者的消费习惯也被改变了，这也是市场在转变的一个因素。

所以说现在整体大环境是下行的，来客数也是下行的。当然有些有独特性、核心竞争力强的项目还是可以逆势而上的，但是也会面临激烈竞争的挑战。这时候我们就要开始做好经营的规划，有时候不是项目不好，也不是管理、团队有问题，是市场在改变。短暂性的痛苦很正常，比如前两年肯德基业绩也在下滑，但是2016年开始上升，证明基础好、有体系的企业能扛得住这种起伏。企业在面对竞争时，要有过冬的心理准备，过冬的能力多强，决定你能走多远。比如任正非于2001年发表在华为公司内刊的一篇文章《华为的冬天》，就是要求作为决策者要有心理准备，通过训练团队、设计商业模式来应对冬天，这是企业家必修的功课。

我还补充一点：市场的改变还有一个变数是消费者，消费者越来越挑剔了。国家经济下行不代表居民收入不好，反而现在很多居民消费能力得到了提升，国家的GDP（国内生产总值）也在增长，大家变得有钱了。消费心理学认为：你越有钱就越挑剔，越挑剔就越能对比。所以说当消费者有自己独特需求和判断能力后，你的商业模式、产品、服务都会得到消费者的点评、评价，最后他们会选择要不要成为你的忠实顾客，而且越有钱的顾客越不忠诚。随着互联网的普及，信息高度扁平化，我们可以随时对比好的东西。所以餐饮老板都需要提高你的顾客满意度，赢得“大众点评网”等平台的认同，顾客点评分数越高证明你的机会越多。很多客户以“大众点评网”对你的打分作为标准，判断你的店值不值得去。随着大家收入的提高，很多客户到欧美、日本、美国旅游或购物，当他们看到同行先进的商业模式和更好的顾客体验，回到本地会怎么看你？你细节没做好的话怎么看都不顺眼，顾客就会越来越挑剔，这个是不可控的趋势，那怎么办？唯一的方法是提高自己的基本功，把自己的顾客满意度打造好。所以到底是互联网冲击大还是你自己没做好，作为决策者应该先分析自己，先把基本功做好再想互联网对你的打劫。

再补充一点：现在在互联网环境中长大的90后、00后们已成为消费主力军，商业模式要创新，要加入互联网的基因，例如微信支付、会员系统。拳头企业也要加进去，不然就没法满足年轻人的需求。

面对连锁经营的趋势，该如何应对

现在是企业过冬，2018年是不是冬天不清楚，总之春天一定会来，但是什么时候来是跟大环境有关。一个企业的过冬能力很重要，期待企业家、专家共同去探讨企业如何过冬的问题。不是我们悲观，我认为这要提前准备，你越具备这种过冬能力，未来零下几十度来了才有应对措施。如何去度过？我提了几点建议：慎扩张、稳基础、控利润、守阵地。这是主旋律，也是所有连锁行业在做战略、做决策的时候，都要遵循的关键点。

慎扩张 每个企业都会做战略规划，比如今年开多少家店。开店要一炮打响，第一印象不好会导致后面的成本更高。面对现在不明朗的大环境，市场变数也很大，我不主张大家主攻发展，除非你是跟资本对接，资本给你压力。我看到很多企业家很务实，开三家店、十家店就已经足够。现在开一百家店没必要，因为市场谁也不能准确预测，进入新的商圈、新的市场没有优势，要自己熬的话风险巨大。大环境变化的风吹草动将直接影响你的投资、收益。

稳基础 面对市场的不景气、不明朗，我们要收缩，但同时还有个挑战就是：人力资源的风险。连锁行业就是人的行业，人是最大的生产力。谁能在最短时间内把00后、90后打造成一支精英团队，谁就是有本事、有能力的人。为什么这样说呢？因为00后、90后虽是我们未来员工的主力，但他们独特的价值观和个性很难驾驭。另外，餐饮本身是高强度的行业，很多细节需要重复做。不管你是什么模式，最后还是交付给人，有人交付就有风险，就有细节的不到位。如果员工不投入不敬业，不认同价值观，不能坚持天天做，最后得罪客人的事情就会天天发生，你的商业模式再好都会失败。

现在成功的连锁店基本上都是那种有老团队、有一帮老员工，沉淀了十年八年的企业，他们有文化传承、价值观传承，要再开店的话就是“以老带新”。全新的模板组建风险极大，所以传统行业扩张的时候要谨慎，培训要抓，老员工的价值要发挥。原来就算市场不是很好，开了店都能有生意，现在是拼细节的年代，你更加要关注这一点。“生孩子容易养孩子难”，拼细节的时候就能看到，基本功不扎实的企业，它们系统不到位，团队执行不到位，培训不到位，督导不到位，压力不到位，最后导致什么都是“浮”的，风险就显而易见了。所以必须要稳基础，这是毫无疑问的。我们作为企业家一定要深思，经常问自己：做好了没有？还有没有上升空间？

做过外资企业的都知道，在外资企业里每三年都会回到基础（Back to basic），像肯德基到今天还有营业优化部。谁都说肯德基系统很好，但它在成立20多年之后依然还有专门的优化部门，就是流程优化、找晋升空间，每三年就优化一次，基础夯实。所以说，我们看到肯德基在经历了两三年一次的品牌危机，或各种压力导致营业额下降，滋生很多问题时，最后都死不了。一位拥有肯德基加盟店的专家跟我说：肯德基现在的店面重新装修了，新的版本风格更休闲，更让顾客喜欢，接近麦当劳那种休闲调调，转型让餐厅的附加值在增加。据内部消息，改变了装修风格的肯德基营业额同年对比提升14%。在大行业下降的时候都能提升营业额，证明这个决策是对的。

除了基础性工作做好外，如餐牌的颜色、礼品的开发、促销组合等等，同时还要抓住过年气氛，进行情感营销，另外还在电台、电视台做家庭聚会、年终聚会的推广宣传。把该做的都做到，而且都得到消费者的认可，所以2016年肯德基过年的营业额同期增长20%，可见扎实的基本功比什么都重要。

谁都不能说自己的基本功已经做得很好，就连肯德基到今天也有问题，企业在不同阶段都有问题，但是有基础、系统、调整到位就死不了，所以我们建议打造连锁的六大系统。

控利润 管理要出效益，越是危机、冬天、要勒紧皮带的时候，越是要抓内部优化，永远不能忽略了节流。如何打造你的供应链？如何提升你的效率？这里面其实只要你努力一点，就一定有效果、效益。因为一家店一天省1度电，一千家店就省1000度电。所以我们每个企业在生意不是很好、来客数少的时候，要腾出精力守基础，控利润。很多老板在强盛的时候花钱很放得开，现在花钱要谨慎。不是不花，而是要做好充分的预算，该花的品牌推广、营销投资还是需要的。记住：现金为王，不要轻易把现金放出去，存款、账上储备的现金越多，抗风险能力就越强。

守阵地 除了控利润，守阵地也是重要的，守住你的阵地就不用怕被颠覆或者被吃掉。

案例

我在操盘绿茵阁的时候，旁边挨着一百米新开了竞争对手蒙地卡罗。对方一开业，绿茵阁的营业额就下降了。为什么呢？定位差不多的新店开了，客人肯定会去尝新。所以当店长跟我们汇报，说：蒙地卡罗开业导致我们营业额下降，该怎么办？我告诉店长：放心，三个月以后这些客人会回来的。为什么？我们通过调研分析知道，我们的出品、服务、根基等很多灵魂的东西，对手是模仿不来的，所以只要我们团队扎实做好细节，让顾客满意度再次提高，最后这个市场还是我们的。这个时候我们必须有底气才能够守住阵地，把阵地盯好才可以去发展，才可以打好这场仗。

这几年是动荡年，也是收缩年、过冬年。大家必须去思考，做好准备，顺势而为，做好你的企业。具备过冬能力、抗风险能力，才真正具备核心的竞争力，最后赢得市场。记住：“剩”者为王！

4 解密外资企业运营秘诀

区锐强

近年来国内民营企业发展得很快，占市场份额越来越大，可是仍然处于一种探讨摸索的状态。可以发现民营企业和外资企业两者间基本上是割裂的，民营企业家很少去感受、了解外资企业管理的一些内核的深层次的理念、思路等，两者间没有太多的交流。

由于民营企业家在成长过程中有压力以及精神上的需求，并且他们喜欢学习，所以目前市场上的培训事业非常发达，特别是关于心理层面、精神道德层面的课程，非常火爆。这些课程价格贵得离谱，随便上一个大师的课都要三五十万元的投入，偏偏人们趋之若鹜。据说某个大师在某个城市开课，收费两万元一个人，也有好几千人甚至近万人去听课。其实这些大师所谈的内容都是上升到道德层面上，包括结合了各种宗教信仰的精神，“道”的东西，听起来玄之又玄。在现今普遍缺乏信仰的年代，这种东西会瞬间引起民营企业家的共鸣，让民营企业家觉得

“道”是非常重要的，甚至认为只要把所谓的“道”以及道德层面做好，企业就一定成功。

一个曾经听过我讲课的学生跟我互动时，说：“区老师，你一定要听某大师的课，听完后一定有所收获，你是从外资企业出来的，你们研究的是术，缺乏道，我听了大师的课后非常有收获，豁然开朗，觉得企业有了方向，一定会成功。”听后，我问道：“你有什么收获呢？可否跟我分享？”学生说道：“大师说了，员工根本不需要管理，真正的企业管理高手是不能管理员工的，要让员工自己去实现价值。只有企业能让员工实现自我价值，员工才会投入，才会做得成功。”听后，我当即反问：“那企业如何可以让员工实现自我价值呢？具体要怎么实施，如何决策呢？”学生被问得哑口无言，沉默片刻后才低声道：“这个我会好好领悟的。”

毫无疑问，让员工实现自我价值是对的，但是只知道这个目标，却不知道怎样去实行，那又有什么用呢？就好比，一直说知道自己去的地方是哪里，可是又不认识路，那样说多了都是废话。而且外资企业的管理真的只有术吗，没有道德层面吗，光是机器和死板的管理吗？这一点值得深思。

外资企业在管控方面，很重视并尊重行业的规律，万事万物的规律，包括产品、属性、人性这些本质的东西，然后根据这些本质的东西去设计自己的管理思维、商业模式、工作流程。这一点很像中国古代的道家思想，尊重万事万物原始的规律，由一生二，二生三，三生万物，一步一步地推进。

如何设计商业模式和工作流程?

纵观整个连锁行业，可以分为几个类型。第一类是餐饮业、美容业，以管理输出、整店输出、管理模式为主；第二类是以商品为主的零售行业；第三类是鞋、衣服等时尚性强的行业；还有就是教育辅导类的行业。每个行业都有相应的特点与关键点，只有捉住行业特有的规律，在尊重这些行业规律的基础上对商业模式和工作流程加以设计，才能取得成功。

餐饮行业

对于餐饮大家都熟知，肯德基和麦当劳是其中的佼佼者。在这么多年的运作里面，都有相同的管理体系。对于行业规律，他们认为在餐饮里面，QSCV［Q：品质、质量（quality）S：服务（service）C：清洁、卫生（cleanliness）V：价值（value）］是非常关键的要素。也就是说，首要核心是口味、产品的质量。因为餐饮的基本功能是满足客人食物方面的需求，产品的品质必须是放在第一位的。没有好的品质与产品，餐饮是不会成功的，最多只是昙花一现。

从商业模式的角度来说，其他角度做强了，产品品质弱了，也会存在风险。

案例

目前市场上很火爆的海底捞，其品牌发展是存在风险的，因为它现在的发展有点不平衡，与行业规律不匹配。他们过多地把第二点服务放大，用服务作卖点，赢取市场。

从财务的角度来说，服务是有成本的，海底捞强大的服务需要花很多费用，这样导致在利润压力下，食品成本没有太多的空间投入。所以到今天，依然很少有人说海底捞的食品有多好吃。当然它是很成功的，因为目前国内还没有这么极致的服务，能够如此快速地做出了口碑，吸引更多人品尝。

海底捞是成功的，但是在未来的发展上存在风险，与之对比，现在郑州有一个品牌叫巴奴火锅，在最近两年迅速崛起，门店已经有一百多家。巴奴火锅的定位跟海底捞一样，都是做四川火锅，但是它的品牌口号却是“我们只做毛肚和菌汤，不做服务”。其实这个口号很明显就是针对海底捞而定的，要与其进行竞争。巴奴火锅的菌汤和毛肚火锅品质很好，很有特色，真材实料，也就是说巴奴火锅在产品品质方面做了重点打造，而它的服务质量只有海底捞的七八成吧。这样的品牌进入市场，可以直接和海底捞进行竞争，其生意火爆程度，毫不逊色于海底捞。如果按照这个市场走下去，巴奴火锅可以走得更加长远，甚至有一天超过海底捞。海底捞违背了行业规律，把产品的品质给弱化了，受到行业规律影响的限制，而巴奴火锅则尊重了行业的规律。

在餐饮业里面，食物质量、服务、清洁毫无疑问是排在前三的重要因素，这也是站在消费者立场上所考虑的。所以现在要做好餐饮的话，这三个关键点一定不能够忽略，或者是本末倒置。当然价值因素在这几年越来越重要，这里的价值是指附加值，包括餐厅的用餐感受。餐饮业的“心体时代”来临，人们对这方面越来越重视。随着市场经济的完善，许多消费者走南闯北，去过外国的餐厅，感受到了高水准、高质量的用餐服务，回到国内后，当然变得苛刻，希望国内的餐厅服务能够完善。

前两年，以杭帮菜突围的“外婆家”“绿茶”“白鹿”和南京“小厨娘”这些企业迅速崛起，它们所突破的地方就是用餐环境，这类属于快时尚餐饮。这些餐饮品牌的崛起，影响了整个餐饮行业的格局。一个有趣的现象是，“外婆家”率先使用书架和木头为主题布置餐厅，后来者纷纷跟风，也是使用了书架等布置成人文的小资情调风格。可以得出结论，目前开餐厅如果不注重餐厅的格局布置、环境气氛的营造、顾客五官的感受等，基本上很难成功。这些不是你做不做的问题，主要你的竞争对手在做，整个行业都在跟进，对比之下，顾客的选择显而易见。

所以说，QSCV是餐饮行业的规律，不尊重行业的规律是很难成功的，其他行业亦然。

零售行业

零售行业，以便利店为主，普遍规律是毛利率不高，更注重商品的周转率，也就是说商品的周转率决定了商店的盈利能力。从产品组合、陈列、商品的流程、促销拉动等各个环节可以看出，零售行业把商品放在第一位，商品的组合永远是灵魂。7-Eleven作为零售业中的大品牌，其商品管理系统是非常强大的，它的品类管控、淘汰、优先和排序会定期进行优化，可以做到每家店的品类根据顾客的需求进行配置不同的组合，迎合顾客的需求，最终通过提高商品的周转率，实现强大的盈利能力。当然在零售行业中，质量、服务、清洁、环境等因素也非常重要，可以看出最近几年很多零售店在装修、环境氛围方面有了很大的提升和突破，但是跟欧美相比，依然还有差距。未来要多多关注CIS系统（Corporate Identity System企业形象识别系统），把店面形象、陈列做到极致。这一步需要外部资源的介入，开店铺需要在CIS方面做好，利用外力做整体的规划，最好是请专业的公司帮忙设计，做到极致，打下坚实的基础。

做过营运的人都知道，好的店面和形象是能够帮助日后的营运。而且这种设计应该是不断迭代，不断进化，不断提升的，现在很多成功的品牌在这一方面做得很好，已经推出了一代店、二代店、三代店等。

鞋、服装和教育行业

在鞋和服装方面，时尚是关键词。这是季节性很明显的商品，需要更强更快的周转。通常鞋和服装在应季时的价格是很贵的，在季末就要进行打折促销，因为要进行资金回流。可以看出，减少库存的关键点，是其行业规律。所以这一行业对销售人员和设计师的要求是很高的，毕竟要周转快，是其核心。

对于现在很热门的教育连锁行业，其关键点首先是产品对其目标顾客是否有吸引力，其次是产品的质量、售前售后服务、整体的感觉，以及其附加值等，这就是教育产业的关键点，即行业规律。

所有的行业都有各自的行业规律，外资企业几乎在每个行业里都有顶尖的品牌，是他们在尊重行业方面做了大量的研究与细节工作，围绕着行业规律做了相关的商业模式与设计流程。举个例子，肯德基在产品质量方面提出了一条规律：用温度控制产品。凡是热的产品必须高于六十度，冷的要低于四度，这是关于产品的标准，必须严格控制，这样既保证了产品的质量，还加强了用户的用餐体验。

如何设计营销策略、营运管控流程？

每个企业都有自己跟顾客接触的载体，就是自己的产品或服务，每个产品和服务都有自己的属性，比如保质期、保鲜度，这些都是突破不了的属性。所以在设计产品的时候一定要从这些根据点去倒推整个运营管控流程。比如在餐饮业中，要想做到成功，原材料的保鲜度是关键点。正所谓巧妇难为无米之炊，如果不能保证原材料的新鲜度，再厉害的厨师也无济于事。所以在保鲜度产品属性的管控流程方面，必须有严格的流程和制度。例如一天半的存量就要保持一天半的存量，超过保鲜期的材料该处理的就要处理，不要心疼所谓的浪费，不然伤害的还是自己的品牌。

案例

肯德基和麦当劳都有自己清晰的产品保质期，沙拉处理好之后放在冷藏室，一定要二十四小时内卖完，炸鸡炸出来后一定要一个小时内卖完，薯条则是七分钟之内做出来卖完，汉堡包是十分钟。这种量化的标准，必须得遵守，在规定时间内没有卖完的产品必须是扔掉处理，因为他们制定产品标准是口感，一旦超过规定时间，产品的口感变差，如果卖给了消费者，会影响消费者对产品的印象和伤害产品品牌。肯德基到现在还没有薯条的外卖，这是为什么呢？因为他们分析过，从店里送到家里的时间一定会超过七分钟，一定会影响薯条的口感，所以干脆不卖这个产品。

从思维和决策打造方面来看，其实做任何的管控、促销策略，一定不能离开产品的属性。在倒推你的运营流程方面，也一定要围绕产品的属性做扎实的工作。现在的民营企业在这方面明显有短板，他们没有深刻重视，没有去做明确的标准、严格的管控和有魄力的管理，最终导致品质不稳定，那么这个产品的竞争力可想而知。

每个行业都有自己的产品属性，各企业应该回归本性，去深度地挖掘，去研究相对应的管控流程和营销策略，这样才能够把企业做得更强更稳。

如何设计人力资源政策和绩效考核?

人力资源政策设计

最近几年，民营企业对团队的打造和员工的培养方面相当重视，他们清楚团队对企业的重要性，所以老板们非常舍得，对团队的打造投入很多的资源，做了大量的工作和措施。在民营企业中，经常可以看到这样的事，比如：老板和员工一起去沐足，每年年底拿出一沓现金作为颁奖物品激励员工，给员工各种各样的福利，甚至会给予股权等，不得不说这是一种很大的进步。站在企业格局的思维方面，这一点是对的，方向也是对的。但是从另一个维度来看，这些所做的事情是一种长期有效的激励政策，还是一种瞬间的打鸡血呢？是违背了人性还是尊重人性？其实每个人都有自己的角色，以及身为这个角色的感受和价值观，这些事需要去研究的，到底员工需要些什么呢？给予高的工资，员工就喜欢吗？高福利真的是一种有效的方法吗？

对于外企来说，外资企业对团队的打造和员工的建设方面究竟是如何做的呢？他们最为注重的是人性，会考虑到在员工为企业付出时，如何能够让员工做到安居乐业。很少听说外资企业会给员工股权，也没听说过外企老板跟员工一起去沐足，更没有怎么听过外企的工资特别高。那为什么很多精英和人才喜欢在外企工作呢？关于这点，民营企业的老板需要去思考探讨。

究竟如何做到让员工有安居乐业的感觉呢？从根源分析，首先要了解员工到底需要什么？可以说，绝大部分的民营企业老板都不能说出员工心里真正想要的具体需求。也就是说在打造企业人力资源系统、团队建设方面还没有找到根本原因，或许他们只是解决了几个基本需求而已，有一些细节的核心需求还没有到位，导致最终没有达到员工的全方位满意，然后造成了员工流失率高、团队不稳定、员工士气低落的后果。

案例

外企如何做到让员工有安居乐业的感觉？

其实外资企业发到员工手上的工资并不多，这使它税后工资没有核心竞争力，但是它在相关的福利方面比较重视投入，比如五险一金。其实外企总的薪水投入并不比民营企业多多少，不过外企懂得将总薪水拆分在不同方面，帮员工做各方面考虑，让员工放心跟随企业，无忧无虑地工作。同时在一些可控预算方面，外企做了细节的规划，比如很多外企都有这么一个福利：企业管理层的员工，他们的孩子生病后，医药费都可以报销。这是一种人性化的理念，让员工感到温暖，立马有了归属感。当然企业可以把这一部分转化为商业保险，将其转嫁给保险公司，这一设计是非常巧妙的，既节省了成本，又增加了员工的归属感。又比如有员工被调去其他地方，企业除了补贴之外，另外还给了安家费，所谓的安家费并不多，却是体贴了员工，让其有安居乐业的感觉。再举个例子，外企高管出差，一般都会被安排住在高级的酒店里面，而民营企业相对不太重视。

可以分析一下，出差是工作时间，要是住在稍差的酒店，一旦出了什么意外，企业是得不偿失的，相反投入多一点，住在相对安全的高级酒店，让工作顺利地进行，何乐而不为。以这种思维设计福利制度，遵循了人性，满足了员工的各方面需求，让员工安居乐业，员工无疑是满足的。

绩效考核

在绩效考核方面，亦要遵从人性的规律。某个民营企业的老板在学完一门人力资源管理的课程后，觉得很有收获，当时这些课程号称360度全方位考核。老板学完后给自己公司的店长设计了二十七条考核标准，方方面面的都有，非常完整，貌似很完美。这个老板制定这套标准后，得意扬扬地表示，只要我的店长做到这些标准，就一定是行内第一的。而肯德基、麦当劳这些外企对店长的考核是按照KPI（关键绩效指标）思维，一般不超过六条考核标准。一个是二十七条考核，一个是六条考核，结果是怎样？强的还是强，弱的还是弱，为什么呢？因为这个老板制定的这套考核体系严重违背了人性，完全没有顾及这些店长的感受。那些店长就跟平时一样，也不管考不考核，抱着消极的态度，认为反正我也是考不过的，随便公司怎么考核。关于尊重人性的重要性，对比之下，可见一斑。

世间万物，都有其相对的特点，所谓的“道”，玄之又玄，说不清，摸不透。其实不需要想得那么复杂，就连锁企业的发展来说，其中的道不外乎规律、属性和人性而已，只要尊重行业的规律，尊重产品的属性以及人性，以此为出发点，通向的就是企业的大道。

第二章
从0到1连锁必经之路

1 如何筹备一家完美的餐厅

冯建华

餐厅可以说是一个餐饮品牌的灵魂，开店时会遇到哪些必须要了解的知识呢？针对这个问题，我将与大家分享我从24年的餐饮筹建工作中获取的经验。

第一阶段　好的餐饮品牌需要有灵魂

好的餐饮品牌也需要灵魂，而优秀的VI（Visual Identity，视觉识别系统）设计就是最好的宣传。以往模仿式、跟风式的餐饮消费局面已经基本结束，取而代之的是现在竞争非常激烈的个性化、多样化的消费状况，毫无疑问，餐饮业正在进行一场有深度的转型。纵观全国的餐饮业，我认为一些深受消费者欢迎的餐厅，有三个显著的特征：一是好的餐饮也需要灵魂，二是好的餐饮标志设计是最好的宣传，三是回忆成时尚，快乐成情怀。

好的餐饮品牌也需要灵魂，这句话可以这样理解：无论是服务还是门店设计，都是餐饮品牌的一个组成部分。好的餐饮品牌是需要灵魂的，一个品牌如果没有灵魂将很难打动消费者，也很难赢得消费者的喜爱。

我选了几家深受消费者喜爱的餐厅，研究它们是怎么打动消费者的，大家为什么喜欢去这些餐厅。这些餐厅有一个共同的特性：就餐环境很棒，装修很新颖。首先，这些餐厅能从环境上吸引大家的眼球，比如“外婆家”“绿茶”“新白鹿”“57℃湘”“水货”“小厨娘”等餐厅在这方面就做得非常好。所以说环境还是吸引人的第一要素，比较重要。

第二个特征，好的餐饮标志设计就是最好的宣传，为何这样说呢？我们都知道，一个好的标志往往会向社会环境、市场大众传递价值信息，价值可包含形象、个性、内涵等诸多方面的内容。所以，一个成功的餐饮标志设计是打动目标受众的最佳选择，也是宣传自己的最佳方式，需要用每一个细节去承载。

优秀的VI设计就是最好的宣传。VI设计，以VI的标准字、标准色为核心，是展开的、完整的、系统的视觉表达体系。也可以将上述的企业理念、企业文化、服务内容、企业规范等抽象的概念转换为具体的符号，塑造出独特的企业形象。在VI设计中，视觉设计是最具传播效率和感染力，也是最容易被公众接受的，具有重要的意义。VI应用设计项目可具体分为以下12类：

（1）企业标志设计和标准字体；

（2）企业标准颜色，那么颜色一定要有主色调和辅色调，以后在装修设计上也要围绕这个颜色，即VI颜色的装修设计；

（3）企业象征图形，也就是一个LOGO；

（4）企业造型，也就是说有些企业有吉祥物的设计；

（5）企业专用的印刷字体；

（6）基本要素组合规范；

（7）包装识别系统；

（8）办公事务用品设计；

（9）员工服装、服饰规范；

（10）企业车体外观设计；

（11）标志符号指示系统；

（12）企业广告宣传规范。

VI和CI（Corporate Identity，企业视觉形象识别系统）设计是一门艺术学科，需要请专业的公司来完成。好的设计宣传，可以让品牌更容易被记住，想做品牌的餐饮企业，这方面应该去重视。

第三个特征“回忆成时尚，快乐成情怀”，我的解释是现代餐厅的目的，不再仅仅是让大家吃饱喝足，他们更多的是希望做到让相识的人聚在一起，一起回忆，重要的是玩得开心快乐。

案例

很多餐厅都在想方设法营造浪漫的氛围，我策划的绿茶青葱岁约餐厅也是如此。绿茶青葱岁约餐厅，从施工图到整个餐厅筹建，包括菜品组合、前厅的服务、开业流程等，整个环境按照我想要的效果打造出来了。它有黄昏的灯光，做旧的原木桌椅，以及形态各异的墙体，墙角边还有小院的设置等。这样的环境设计能让大家感觉像是回到了小时候，回到那个蹦蹦跳跳、听奶奶讲故事的地方，充满了欢声笑语，满满的全是回忆。现在这家餐厅营运得非常不错，基本上是天天都要等位。目前在全国发展了6家门店，还有很多加盟商因为没有合适的商铺在排队，现在找综合体商城要考虑很多因素，加上有些综合体商城所处的位置也不是很理想，所以我们不能随意选址来放开加盟。

餐饮业要想长久发展，需要顺应消费者心理。做好以上三点，才能从众多餐饮中脱颖而出。

第二阶段　饮食与文化设计

第二阶段，我认为是饮食与文化设计的完美结合。餐厅设计是餐饮投资保障第一要素。餐厅是人们就餐的场所，随着时代的发展，人们对美食、就餐环境的要求越来越高，因此餐厅的装修设计也成为经营者们一项必须着重考虑的因素。那作为餐厅的投资方，如何跟设计师阐明你的需求呢？我认为通过彼此充分、仔细的沟通和引导考察消费，可以让设计师在直观上全方位了解你的意图。

下面我们来谈谈餐厅设计的几大要素。

（1）空间要素，设计师要考虑空间合理化。给人们以美的感受，是设计师的首要任务。就拿设计餐厅而言，餐厅空间划分设计是第一步，是非常重要的环节，是设计的奠基石。就餐区、厨房的面积分布，厨房、收银区的位置是否合理，客人与服务人员的走向是否流畅，餐桌的摆放是否能在保证交通通畅的前提下还能拥有最多的餐位等，都是要重点考虑的因素。当有了合理的空间划分设计，也就相当于成功了一半，可想而知空间要素是多么重要。空间要素中作为经营者要考虑：布局能够满足顾客的需求，提高服务效率。要清楚，完成最佳盈利价值是基本任务，明白餐厅定位的是什么主流消费对象。另一方面，餐位有什么要求，厨房、收银、吧台、餐区服务、餐厅管理应该有哪些功能，需不需要设立外卖窗口、排队叫号区、顾客等候区等，这些都要投资者、经营者、管理者与设计师交流的，要让他们在设计中注意这些事项。

（2）色彩，餐厅设计的第二要素是色彩要求。我认为设计师应该考虑的是室内色彩，它除了能对视觉环境产生影响外，还直接影响人们的就餐情绪和心理。不同的色彩搭配会展现不同的就餐环境，室内色彩除了遵守一般的色彩规律以外，还随着时代审美观的变化而有所不同。就拿快餐餐厅的设计来说，现在追求的是简洁大方，所以在色彩上会选用较为鲜亮的颜色、明亮的灯光，这样会显得干净整洁。故经营者应该在色彩上考虑室内色彩，它会呈现出不同的就餐环境，要注意满足餐厅的主流消费群体的需求，也就是我们应该根据主打的一批主要消费群体来做定位。如果是以做年轻人的生意为主，就要倾向于设计年轻人喜爱的色彩。年轻人可简单分为两种：一是年轻的工薪一族，也就是打工的年轻人；二是追求时尚的文艺青年，这个要比年轻工薪一族消费水平稍高一点。消费人群还包括追求高品质的白领人士，这个是收入更多一点的，以及家庭消费群体和商务宴请群体。不同类型的消费群体对审美追求都是不同的，所以要清楚你的定位是做哪一类的消费群体，再根据这类顾客群的喜好来设计。

（3）光影要求，也就是灯光要求。我认为设计师应该考虑一些大自然的美景，比如把阳光直接引入餐厅，顶光和柔光的三色光，会使室内空间更加亲切自然。阳光的引入可以消除室内对人的封闭感和黑暗感，同时还可以减少灯具的数量，节约成本。对于较封闭的空间就要靠灯光设计来改善，一个好的餐厅设计，灯光搭配是极其重要的，它可以营造好的氛围，给顾客留下深刻的印象，这会加分不少。

经营者在灯光设计上面不仅要考虑室内灯光的搭配，还应该满足我们针对的主流消费群的需求，这个是极其重要的。餐厅有不同的业态定位，有快捷简餐、港式茶餐厅、中式茶馆化餐厅、特色地方菜馆、主题餐厅、异国风味餐厅、混搭快时尚餐厅等，不同的环境体验，灯光的要求都是不同的。我认为灯光最重要的作用是有助于菜品的展示和管理节能控制，这是我们在做灯光设计时要重点考虑的方向。

好的灯光产生好的环境视觉，顾客自然也有愉快的心情去吃饭，顾客的心情好了，当然对你的服务、菜品的要求会适当地降低，如果顾客心情不好，进来觉得不舒服，那么就算你的产品很好、服务很好他也会挑刺。

（4）装饰，装饰其实就是软装。设计师应该考虑室内整体空间中不可缺少的建筑构建，如柱子、墙面等。对于餐厅设计，柱子和墙面是装修的重中之重，设计师要结合餐厅的功能与需要来装饰，营造完美的就餐环境。可充分利用不同的装饰材料的特质、特性，得到不同风格的室内艺术效果，同时还能体现不同地方历史文化特征。像中式餐厅，一般就会选择木材多一些，在造型上选用花格的样式来装修，中国有几千年的历史，这些花格门窗装上去，就能很好地展示我们中式的文化氛围。进而要考虑的是餐厅的陈列，也是起到装饰的作用，比如一些饰品摆件的陈列，对于特色餐厅的设计来说，它们的选用和搭配也是点睛之笔，使餐厅舒适得体富有个性。另外很重要的，我觉得是绿植饰品的维护打理，这个一定要便捷，控制好投资成本。注重轻装修，重装饰，才能产生附加值，大家一定要记住这才是我们重点考虑的方向。

餐厅设计的经营者应该牢记主题是一家餐厅的设计灵魂，要让顾客进来后有一个或者多个亮点。好像一部电影，高潮部分可以有几个段落，但最终导演想给观众知道的是什么，寓意是什么？这才是最重要的。主题必须紧紧围绕你的餐厅主打菜来做，就整个餐饮行业来说，室内装饰是一个有利的营销手段，像情调和气氛这些东西让人难以捉摸，但却直接影响餐馆的收入。

以上就是餐饮设计的几大要素，通过几大要素合理设计及巧妙地组合，一个好的餐厅设计也就呈现在你的眼前了。让我们重视设计，尊重设计，这也是对你的投资负责，让你的投资有保障。当然优秀的设计作品一定要在装修上少花钱，做出效果，这才是我们真正需要的设计师。

第三阶段　筹建工作要紧密

第三阶段我们要讲的是营建四要素：工程预算要细致，筹建周期要严谨，筹备分工要明确，监督进度要奖罚。餐厅筹建工作第一要点是工程预算要仔细，从资金筹备方面来说，一般分为两种：一种是资金总量有限，这时就要在资金限量内，从餐厅的规模档次以及筹建到正常营运的周期进行严格的控制，避免资金和时间无谓的浪费，使餐厅迅速地走上经营轨道；另一种是资金比较雄厚的，这种就可以充分考虑餐厅的经营规模和附加功能，甚至从一开始就可以着手指定较为长远的经营战略，充分地利用资金和时间为经营者打下扎实的基础。我对预算方面归纳了以下几点。

（1）对营业空间（建筑物）费用的估算。

无论是租赁，还是房产市场现行购买或新建建筑物，首先要考虑的是营业空间所在的地理位置是否处在餐厅营业的“黄金地段”，地段不同，租金、房产的售价和造价相差很大，即所谓一分钱一分货，若是开设中小型餐厅，对此就应做全面权衡，慎重确定，并按照确定的选择，以市场行情单价为依据，分别进行估算。

（2）对设备、设施费用的估算。

中小型餐厅的厨房设备也有档次高低之分，档次较高的厨房设备大部分是不锈钢制的，所需投资较多，一般档次的厨房设备由铁合金、搪瓷、陶瓷等多种设备组合，所需投资相对较少，应以实用、耐用、经济为前提酌情选购，各种档次的厨房设备价格都可从市场报价获取，购买时若是成批购买则还可获得优惠。在估算设备、设施费用时，应包括运输费和安装调试费。

（3）对家具和器皿费用的估算。

应先根据确定的餐饮店的服务方式和桌位数，计算出各种家具和器皿需要的数量，再根据市场价格即可进行估算。

（4）对装饰费用的估算。

餐厅的装饰包括门面、厅面、厨房三个大的方面，若是中小型餐厅，门面和厅面装饰应以简洁、明亮、卫生、雅致为主。厨房装修应以卫生为主，结合方便厨师、工作人员操作，便于油烟、污水排放功能考虑。能节省则节省，避免豪华装饰以减少营业前期投入费用。

（5）对劳动力成本的估算。

餐厅劳动力成本由管理人员、服务人员及厨师的工资组成。可按不同人员的工资标准乘以人数来估算。各类人员的工资水平，在各劳动力市场都有平均工资标准可供参考。

贷款利息，可根据银行的贷款利率进行估算。如果经营者都是用自己的资金投资，也可按贷款计算其利息，凭此反映筹建费用的全貌。

前期筹备工作一：基础设施

下面我给大家展示一张筹备工作前期的第一项工作，也就是对基础设施的要求，以我个人策划的某个品牌店铺为案例。

1	建筑结构	承重要求：用餐区域350~400kg/m²，厨房区域450~500kg/m²
2	消防系统	甲方提供给乙方的房产经过消防局验收合格，并取得消防合格验收意见书。租赁区域具备乙方重新进行消防申报的基本条件，且能与主系统并网
3	供电及配电系统	甲方在租赁区域内提供配电大于380V/200kW，开关配电电流为400A，并安装计量设备。如不用天然气改用电磁灶炒菜总用电量需150kW
4	供水系统	甲方在租赁区域内提供直径DR50mm进水管，供水出水水压稳定大于0.25MPA，日供水指标为15吨（连续供水），并已安装计量设备

（续表）

5	厨房燃气系统	甲方在租赁区域内提供天然气大于50m³/h或煤气大于90m³/h，日供气量不小于350m³的燃气管道，并已安装计量设备（如用天然气改用电磁灶，不需要具备此条件）
6	厨房排油烟系统	甲方在租赁区域内提供排油烟管道的截面尺寸约600mm×400mm，排烟量7000~8000m³/h，并有油烟净化设备
7	排水系统	甲方在租赁区域内提供一条直径为150mm或两条110mm排水管道，排入至隔油池或相应的处理设备（隔油池尺寸约为1.6m（长）×0.8m（宽）×1.2m（深）
8	空调系统	甲方提供的中央空调需满足以下要求： （1）客区需要冷量标准为300Kcal/HM²，厨房区需要冷量标准为350Kcal/HM²，厨房区计算冷量面积约为100m² （2）甲方提供空调冷、热水管道进入乙方租赁区内，管径为DN100mm （3）水源：冬季供热水温度为50℃～60℃，夏季供冷水温度7℃～12℃ （4）中央空调供冷热时间以营业时间为准，具体时间为9：00AM—10：00PM
9	新风排风	（1）甲方同意提供乙方两条新风管道到租赁区域内，一条供客区截面尺寸约为300×700（mm），供应新风量约为3000m³/h；另一条供厨房区截面尺寸约为300×800（mm），供应新风量约为5000m³/h （2）甲方同意提供乙方一条排风管道到租赁区域内，截面尺寸约为300×400（mm），排风量约为2000m³/h
10	电话网络	甲方需提供电话线2条，网络线2条，供乙方使用

（续表）

11	房产交接	（1）双方进行房产交接时，甲方保证建筑物结构无损坏，顶、地面无漏水情况发生 （2）拆除：甲方应在双方场地交付前拆除甲方所有权物品，并清空场地。乙方进场后，甲方未拆除物品乙方有权自行处理，包括租赁区域内装修面层（顶、地、墙）、顶棚管线

前期筹备工作二：相关证照

前期筹备工作的第二项就是工程施工的相关证照，主要包含五张。

（1）消防相关（所在地区消防局消防支队）。

350平方米以上须办理消防证明，将内部装修的平面蓝图、吊顶蓝图、电路蓝图、空调设计蓝图（通常由消防施工单位提供）上交所在区消防局申请，工程完工后审批，核准后发验收报告书或消防意见书（建筑消防设计防火审核意见书/建筑工程消防验收意见书）。

（2）户外广告发布许可证（市容管理部门）。

外立面/招牌广告，需准备外立面/招牌广告效果图（必须与原建筑物相符）、申请书、地理位置图、到当地市容管理部门申请手续。通常由做户外广告的施工单位办理。

（3）占道手续（市政局占道办）。

施工/停车占道、工程垃圾处置手续、占用便道手续。

（4）环保许可证（环保局）。

隔油/排污/排烟/防噪音手续准备平面图、厨房图纸（特别是下水道部分）、申请书、房屋租赁合同复印件、地理位置图，到当地环保局填写申请表格，工程完工后审核，核准通常由做厨房排烟设备的施工单位办理。

（5）外立面施工和工程土的处理（环卫局）。

另一方面，租赁区营业相关的证照也是要办理的：如银行验资、卫生许可证、营业执照、公司公章的办理、组织机构代码证、税务登记证、公司开户。

（1）银行验资（所在区指定银行）：办理个体工商执照不需要。委托律师事务所出手续，并将资金打入一般账户，一周后验资手续完成。

（2）卫生许可证（所在区食品药品监督所）：需准备房屋租赁合同、位置图、厨房设计图、设备明细、卫生制度、消毒制度、组织结构、内部装修图、法人代表身份证；若已婚需提供计划生育证；到当地（区）卫生防疫站或卫生局填写申请表格；员工体检，办理健康证（法人代表和员工均需办理），由于健康证的使用受到区域限制，因此须在当地办理。法人代表参加相关培训；店铺平面设计图（厨房位置图）；可办理临时卫生许可证。

（3）营业执照（行政大厅工商部门）：先进行企业名称核准；至工商部门领取申请表格，并按照申请表中说明的程序准备资料，一般需要准备房屋租赁合同、卫生许可证、房屋规划证、土地使用证、法人身份证及公章（由法人投资有公章，如个人投资的就没有）；可根据需要办理个体工商户/有限责任公司，经营项目至少应包含冷热饮制售。（现已“三证合一”请读者根据最新要求办理。）

（4）公司公章的办理（所在区公安局指定的刻章单位办理，看需要办理）：需要营业执照复印件。

（5）组织机构代码证（工商部门看需要办理）：一般需要法人身份证复印件、营业执照、房屋租赁合同、法人名章、单位公章、税务登记证、营业执照。

（6）税务登记证（所在地区的地税所）：持营业执照，至当地税务局办理税务登记证后，购买发票；一般需要准备房屋租赁合同（贴印花税）、法人身份证复印件、营业执照、组织机构代码证。

（7）开公司基本户（银行）：在所在区带上公司的营业执照、法人身份证、税务登记证、开户许可证、财务章和法人章的模板。

其他所需办理的还有开业典礼，另外根据城市的不同，办理的证照也不同，如果是大城市都有各证照的办理中心会比较方便，只要到相关职能窗口去办理各项申请便可。那办证期间需要准备的各种文件有哪些呢？

（1）法人代表身份证和复印件、照片，其他投资人的身份证复印件、照片，办理人的身份证复印件、照片；

（2）房屋的租赁合同及发票、复印件；

（3）加盖公司公章的公司章程；

（4）房产证复印件最好加盖产权单位的公章（根据城市不同而盖）；

（5）房屋平面设计图；

（6）户外招牌效果图；

（7）公章。

筹备工作第二要点，我认为安排工作要严谨。完成餐厅装修、工程预算、签订工程合同、办理完开工的所有手续及证照后，就进入了我们的工程进度。本文末尾的附件1是在开店筹备周期的90天内，对开业筹备工作分四个阶段进行倒排。第一部分是店铺设计、进场筹备；第二部分是工程主体施工阶段；第三部分是设备设施采购及安装阶段；第四部分就是验收和预开业的阶段。其中完成时限指工作任务必须在距离预定开业日的前3～5日完成（详见附件1）。

筹备完美餐厅的三个妙招

招数一：餐厅要起个好名字

餐厅起个好名字比什么都重要，要通俗易懂、朗朗上口，老少都看得懂且又记得住的都是好名字；给人印象亲切，马上能想到与吃有关且有吃的欲望的，这同样也是好名字。

案例

广州的“九毛九”是做面条的老面馆，后来引入了炒菜，“九毛九”这个名字直观给人很亲切的感觉，从店面来看，没去过的顾客也不会感觉贵。所以它前期吸引了大量的客源，建立了良好的口碑，它的起名是很成功的案例。因为有了好口碑又有广泛的知名度，这样就建立了一定的品牌影响力，让它有今天的一番成就。

杭州的“外婆家”也一样，它前期叫“外婆家面馆”，跟“九毛九”非常相似。这是胡谷平的夫人开的店，并不是很成功。胡谷平看夫人不是很成功，但他自己对餐厅有不服输的精神，就下海接管了他夫人的面馆，改成了做炒菜。因为他本身在国有企业当领导，积累了一定的资源资金，所以他也认真地分析了餐饮市场，认为当年餐饮市场主要是上千平方米的大餐饮，看到这个市场，他立马着手去干，首先打开了上海市场，又去北京、郑州陆续开店。另外，他认为餐饮在顾客群体方面，忽视了家庭消费，缺少家庭消费定位做得好的品牌餐饮，所以他就从家庭消费定位来做这个“外婆家”的餐厅。“外婆家”，顾名思义，中国人都知道外婆是最亲切的，那么外婆做的菜也是最有味道的，有小时候的感觉。他为了吸引家庭消费，把价格降到底线，比夫妻店还便宜，然后为了抢夺这种夫妻小店的客源，他把环境做得比夫妻小店更好，这样他就有了竞争的优势。其实他就是把重视传统装饰风格给颠覆了，把欧美的装修风格融入中餐厅中，这是他的一个亮点，也吸引了当年的所有传统媒体给他免费做新闻报道，没花什么广告费。凭借环境的颠覆、价格的颠覆、消费群体分析，让它取得了今天的成功。那么我这里主要说的是“外婆家”的名字很好，它的名字是直观的。有很多顾客既没有看到你店铺的招牌，也没有来过你的店，那么一般最有效果的广告就是口碑。口碑是从朋友中间听来的，“外婆家”“九毛九”，都会给人很亲切的感觉，一般人都会认为这个地方价格不会高，任何人都能接受。名字给人的直观感觉就是这样，所以在朋友中有一定传播之后，会吸引没去过的人去消费。

综合地归纳能很好传递餐厅信息的名字，我认为有这几方面的特点：

（1）以价廉物美来起名；

（2）以特有招牌菜起名，如酸菜鱼；

（3）以优质原材料起名，如海鲜酒楼，直观告诉大家海鲜比较多，很新鲜；

（4）以地方风味起名，如八大菜系；

（5）以主流消费群体起名，如青葱岁月；

（6）以主题餐厅起名，如运动型、娱乐型餐厅；

（7）以自助餐厅起名。

这些一看就是好名字。好名字加好包装加会吆喝，等于成功了一半。好包装就是指优秀的VI设计，会吆喝是指成功的有效的推广。推广一定要策划一个好的经典案例，比如说现在大家都了解的雕爷牛腩、黄太吉，他们就策划得很成功。

招数二：轻装修重装饰

餐厅设计要做到，用便宜的装饰材料做出最好的装饰效果。设计就餐环境前，一定要让设计师先体验你的菜品和饮食文化内涵；要多考察与你定位相同的餐厅，因为你们的顾客群是一样的，多考察他们生意为什么不好，生意为什么好；多分析主流消费群体对环境的需求，环境要根据你的消费群体来打造，你定位时要带设计师一起去考察，一起去分析市场，必须让设计师彻底领会到我们到底要做谁的生意，这是最重要的。我们作为投资人、经营者，一定要告诉设计师他不知道的东西。比如说，餐厅各区必备的功能及我们要设几个包房，6人桌要多少张，主要占最大比例的4人桌需要多少，2人桌可以适当布置几个，这个比例一定要告诉他，因为这个不是设计师的专长。餐桌、包房的比例一定是我们经营者、投资人、管理者最清楚的，我们有这方面的经验，选择不同的区域地段，也一定先分析过了周围的顾客群，所以，一定要告诉设计师，让他按你的要求来设计。

招数三：时间就是金钱

筹备进度表初稿必须提前一周下发各部门，让各部门去补充完善。作为我们投资人也好，店长也好，虽然制定出来的筹建进度表不一定很完善，但你制定完初稿还是要下发给各部门的，包括你相关的设备设施，装修方，都让他们看一看，看有什么遗漏、需要补充、制定的不对的地方。

筹建协调会必须通知公司内外相关的责任人，分工明确，责任到人。筹建过程中要开好几次协调会，它是整个筹建中最关键的部分，协调得好就能根据你要求的进度如期完工，所以协调会必须通知公司内外的各部分负责人。公司外就是装修供方、设计方、设备方，还有相关的一些印刷品，各方面都要协调，分工一定要明确，都要到位。

应该做到工程预算就是结算。这句话是什么意思呢？有很多单位个人预算是预算，到最后施工完了，结算往往比预算高出很多，这就会造成很大的投资压力。装修合同必须明确施工工期，也就是你找好装修单位，签订合同了，合同里面一定要有明确的施工工期要求，若提前完成，则可以奖励，若误工，则要重罚，罚多少奖多少都要写在合同上。

我个人认为，工程外包最好不是用报轻工的方式，最好是用报工报料的方式。因为报轻工的方式会造成“不可控制”，为什么不可控制？因为报轻工时，他会找借口、理由说你的材料不对，说你的材料不能如期到位，说你的材料质量有问题，导致他误工。而且报轻工也不能一报到底，因为所有的装修他都需要完全设计，不可能一步到位，在装修过程中有些设计是要改动的，改动根据事实现场的情况会有变动。所以说报轻工是不合理的，应该选择承包，等于材料人工一起报，也等于一报到底，也明确如果中途有变更，只要不超出范围的变更，这个价格预算就是结算的价格，不能变动。

在整个筹备过程中，必须严格监督好施工进度和施工质量，按进度完工率审批装修工程款。装修工程款一般是分批的，我们装修的话，一般先等装修方的材料，包括辅材主材部分进场，再付首付款。等装修进度到60%，再付第二笔款。待全部完工之后付到90%，10%作为三个月的质保金，三个月以后没有什么问题再付最后的10%。同时也要根据工程的进度，及时安排协调。像设备工程方要经常装修安装，如做厨房设备、消防设备的，还有做落店收银系统等，一定要同步跟进，按预定的时间同步完工。

附件

附件1：《施工方各单位参考进度表》

一、店铺设计、进场筹备、证照办理、开工阶段		
工作任务	负责部门/主要参与人员	完成时限
房屋租赁合同签订	投资人	提前90天

（续表）

设计单位进行店铺平面布置的设计（约6天）	投资人/设计单位/总部	提前85天
店铺人员定编	投资人/店长	提前85天
店铺设计方案确定（约5天）	投资人/设计单位	提前80天
店铺施工系统图确定（约3天）	投资人/设计单位/施工单位	提前80天
与工程同期进行各项施工和经营证照的办理	投资人/施工单位	提前80天
全面开始招聘	投资人/店长	提前80天
店铺外立面设计方案确定（约3天）	投资人/设计单位	提前78天
店铺装修工程预算，工程发包及定标（约3天）	投资人	提前78天
报消防审批	投资人/施工单位	提前75天
空调工程施工方案的确定	投资人/施工单位	提前70天
平面布置确定后即进行施工许可手续的审批	投资人/施工单位	提前70天
施工进场，放线	投资人/设计师/施工单位	提前70天
宿舍租赁采购员工宿舍用具	店长	提前65天
组织召开第一次协调会安排证照办理等相关事宜	投资人/店长/设计单位	提前60天
全体员工开始培训	培训师/店长	提前55天
二、工程主体施工阶段工作任务		
工作任务	负责部门/主要参与人员	实施时限
空调安装施工（约8天）	施工单位	提前60天

（续表）

消防系统施工（约8天）	施工单位	提前60天
电话、有线电视的安装申请	店长	提前50天
无线网络安装申请	店长	提前50天
第二次协调会，各部门就所负责区域与施工单位沟通	投资人/店长	提前40天
制定沙发数量，并开始制作	供货商、店长	提前40天
桌椅尺寸和摆放位置，确定设备	店长/施工单位	提前40天
制定家具	投资人/店长	提前40天
工程封顶阶段约20天系统封顶	施工单位	提前30天
吧台设备、外场用品、制订合同	投资人/店长	提前30天
三、设备设施采购及安装阶段		
工作任务	负责部门/主要参与人员	完成时限
确定开业前所需原材料	吧台长/供货商/投资人/店长	提前20天
吧台设备、外场用品、杂品陆续到货	投资人/店长	提前15天
签订店铺保洁合同	投资人/店长	提前13天
店铺收银系统安装调试设置/收银员上机实操	店长/财务/收银/系统提供商	提前12天
购买店内电器	投资人/店长	提前12天
组织全体员工会议（进展通报）鼓舞士气、工作安排	投资人/全体员工	提前10天
开业启动方案（店内外宣传促销组合、安排台卡海报设计、赠票印制等）	投资人/店长/分公司	提前10天
空调系统安装结束，初步验收	投资人/店长/施工单位	提前10天

（续表）

店铺专用会员卡/票券和其他印刷品进货	投资人/店长/财务/物流	提前10天
员工到卫生防疫站体检，办理健康证	全体员工	提前9天
组织相关人员开第三次协调会，安排工程收尾验收事宜	投资人/店长/施工单位/店内各部门负责人	提前9天
采购后厨、吧台杂品	吧台长/采购	提前8天
四、验收和预开业阶段		
工作任务	负责部门/主要参与人员	完成时限
全面卫生清洁	保洁全体	提前8天
调料、冻品到货、验收	吧台长/采购	提前8天
消防工程，验收	投资人/店长/施工单位/管理部门	提前7天
工程全部完工	投资人/店长/施工单位/管理部门	提前7天
采买员工餐用料，后厨出员工餐	店长	提前7天
工程验收	投资人/店长/施工单位/管理部门	提前7天
接洽礼仪公司，确认开业仪式方案（程序、礼品、邀请人员名单及请柬的发放等），开始办理开业仪式的市容等申请手续	投资人/店长	提前7天
安装饮水机、制冰机	投资人/店长	提前6天
茶几、石材及桌脚到货安装	投资人/店长	提前6天
沙发到货	投资人/店长	提前6天
瓷器到货	投资人/店长	提前6天
购买店铺装饰品，布置	投资人/店长	提前5天

（续表）

餐具的领用	投资人/店长	提前4天
店铺工程补漏结束，全部撤场	投资人/店长/施工单位	提前3天
员工正式换装上岗	投资人/店长	提前2天
确定开业宴请名单	投资人/店长	提前2天
开业日的最后准备和内部试营业以及开业仪式模拟（仪式程序、发言稿、剪彩准备）	投资人/店长	提前1天

附件2：餐厅装修要点33条

（1）防水施工宜采用涂膜防水。

（2）防水工程应该在隐蔽工程施工完成并验收后做。

（3）防水施工完成后要做2次蓄水试验。

（4）防水层应该不低于1.8米。

（5）地漏、阴阳角、管道等地方要多做一次防水工程。

（6）地漏要用防臭地漏。

（7）冷热水管左热右冷。

（8）水管尽量不要从地上走。

（9）冷水管在墙里要有1cm的保护层,热水管是1.5cm，因此槽要开得深。

（10）装PPR管是要考虑贴好瓷砖的厚度，这样管子不会露出来。

（11）烧菜只有几分钟，洗菜要很久，水斗一定要买大的。

（12）龙头和台盆要配套，弄不好就装不上去了。

（13）马桶安装不能用水泥，要用硅胶。

（14）马桶、龙头安装好后要注意保护。

（15）买马桶时要考虑马桶的坑距。

（16）卫生间里最好不要装电话，容易受潮。

（17）开关不要装在门背后。

（18）插座多多益善。

（19）卫生间管道最好留检修孔。

（20）强电弱电不能穿在同一根管子里。

（21）插座正面，左边为零线，右边为相线，上边为地线。

（22）电源插座距地300毫米，开关距地1.4米。

（23）大功率电器用16A插座，如电烤箱等。

（24）暗盒要用好的。

（25）暗盒一定要和面板配套，否则有可能装不上。

（26）PVC电线管内电线截面面积不得超过电线管截面面积的40%。

（27）空调洞要考虑向外倾斜，否则雨水会进来。

（28）灯尽量考虑双控。

（29）卫生间最好安装防溅插座。

（30）电线槽要横平竖直，以后用起来方便。

（31）公用烟道要装止逆阀。

（32）买来的电器一定要好好让员工看说明书。

（33）说明书和保修卡等资料一定要留好。

作者简介： 浙江不老神食品、绿茶餐厅、九佰碗餐饮品牌创立者。中国连锁餐饮高级资深运营官，国内酒店餐饮行业全能型管理者。

24年酒店餐饮管理经验，2年肯德基浙江省首任区域经理。开发组建营运管理国内餐饮品牌4家，策划中国驰名商标食品企业1家，开设筹建各种形式酒店和餐饮店20余家。

2 如何打造一本万利的商业模式（一）

区锐强

什么是一本万利

在连锁的领域里，我们提到一个词“一本万利”，这对于连锁来说是非常适合的，我们一直讲连锁，连锁是一个大的系统，一本万利怎么体现出来呢？具体来说，本是核心，就是我们所说的商业模式，包括我们单店盈利的模式和各种商圈的盈利模式；万利就是复制。

连锁规模化五段论

不管互联网怎么发展，O2O的概念，包括现在的新零售，回归其本质，还是要打造你的商业模式，这对于实体店来说更是重中之重。简单来说，如果你要做连锁，就要一家店成功了才可以复制，所以我现在重点分享如何打造你的商业模式。

连锁有了商业模式，接下来要怎么做呢？通过标准化，通过训练，通过督导再走进一个复制的模式，这个也是我们所说的五段论。

五段论的目的是什么？就是分步骤把连锁推向规模化发展，这也是连锁企业做大做强的一个必经之路。应该说20多年来，我自己的操盘，包括我们所看到的一些成功案例都是经历了这个阶段的。商业模式是本，在复制的过程中，通过标准化的训练，督导这个体系的打造，再加上我们所说的发展模型，直营、加盟、联营控股把这些联手做出去。这就是一般的连锁发展的规律，也是要跟大家说的核心内容。

关于连锁的整个体系五步骤，如果有需要可以和连锁活字典联系，我们将提供一个很好的平台供大家学习交流。

本质——聚焦顾客满意度

连锁的核心是什么？还是要回归一个很重要的点——聚焦顾客的满意度。

这么多年，我们看到有很多炒作的或者说营销过度的商业模式，最终都被证明是失败的。如果你的商业模式不能聚焦顾客的满意度，那未来你就谈不上成功，连生存都成问题。10年前我们讲顾客的满意度，很多连锁企业家都会说这个事情是对的，我也会去做，但是我不一定重视，为什么？10年前，就整个市场来说，连锁的竞争是不太激烈的，第三产业的服务业、零售业、餐饮业都不激烈。在这个竞争不激烈的环境下，你只要大胆做，领先做，就会有生意，当时环境导致的一个心态就是“店大欺客”。我的店有了，我附近的客户就必须选我，就算服务、客户的满意度没做好，顾客都会回头找我。

但是，到了今天，我相信大家都面临一个巨大的挑战：竞争激烈。我们会发现很多资本都开始进军投资整个服务业，包括零售和餐饮业。我们可以说任何店，只要是成功的店，都会有竞争对手。举个例子，在你开店的商圈里，一定会有两到三家的竞争对手。这个竞争带来的是什么？细分市场份额的PK（指较量），如果你赢了还好，输了就会很惨了。还有一点我们说是“得罪”不了消费者，“得罪”消费者的话他就不来了，这就是个问题了。这几年我们可以发现市场一个很重要的需求——消费升级。

消费升级的挑战与机遇

可以看到，中国的城市，城镇化在扩大，中产阶级在扩大，人均GDP在提高，这些带来的是人均消费力的提升。我们所强调的也是消费心理学上的“越有钱越挑剔”，所以现在消费者是在挑剔人，甚至比以前更加挑剔，竞争的激烈导致选择更多，客人可以去更多的地方去体验，这些因素都会导致我们的竞争愈加残酷。接下来，我们来看一些实例，首先是达芙妮，最近新闻一直在报道他们遇到危机了。

可以这样说，在10年前，达芙妮的品牌、店面形象、商业模式在当时是领先的，是适应那一代消费者需求的。

我相信很多70后、80后基本都去购买过达芙妮的产品，但现在你还会被它继续吸引吗？更关键的是90后或者00后会进入这种店面吗？所以现在消费升级带来的一个变化就是传统的老牌帝国不升级就有危机。达芙妮的核心问题就是它的店面形象，这个品牌必须要升级。这种升级是需要投资和魄力的，不升级就会被淘汰。再来对比一下这些时尚的品牌。

AAPE、UR这种时尚的品牌，他们同样是在做服饰类、鞋类，但是你可以看到这种超前设计感的店面的形象，已经吸引了年轻一代。直观地说，达芙妮的品牌和产品已经老年化，而本身它所处的行业又是时尚类的，如果没有年轻的粉丝进入，当老的粉丝离开，那你就惨了。所以举这个案例，可以看到在一本万利的商业模式设计上，提醒各位一定要升级，要抓住年轻群体。

老店的来客数量一定会衰减，年纪大的人不一定喜欢新潮时尚的店，但一定不会拒绝。他也会去体验，就像很多时候你会跟你的儿女或年轻人去逛街，你也会有兴趣进入一些年轻的品牌店里去体验一下。但同时你也会发现一些老品牌，你请年轻人进去他们都坚决不进去，因为他们不喜欢这种空间，不喜欢这种体验。所以说未来设计商业模式的时候，我的结论大家可以做一个参考，就是一定要专注年轻人的市场。任何行动都是基于大环境的，违背市场规律改变市场的成本太高。

只有适应市场，有超前的预见性，才可以真正领先市场，真正地做到一本万利。再厉害的高手都不可能去创造一个脱节、脱轨、脱离的市场。下面我要分享的是一个成功案例——肯德基。

肯德基作为一个老牌的餐饮，在中国已经20多年了，如今它已经升级到4.0版本，将中国的文化元素融入餐厅里面了。最新的一个版本在广东佛山，它把岭南的建筑元素融入新店中，升级重新装修。肯德基原来的定位是小朋友、青少年市场，在20年前，大家有这个需求，需要这种体验，它就领先了，然后一路领先了近二十年。但如果说它再不升级也还是会被out（指淘汰），因为90后等新一代的消费者，他们要求个性化和差异化，肯德基必须要迎合市场进行改变。

可以注意到这些新升级的店面装修非常时尚，现代感很强，大家可以用来作为未来设计商业模式时的一个方向，就是用现代的手法去演绎传统的文化。你可以看到肯德基很多的元素都是较传统的，但是它融在一个时尚的空间里，像用一些时尚的材料、餐具、餐桌或者一些色彩和构图，就影响和提升了我们的用户体验，这个非常迎合年轻人的空间体验感。肯德基无疑是成功的，值得我们学习和研究。

肯德基现在一家店要投资150万元进行升级，升级5000家店就将近50亿。那作为民营企业，未来规划你的品牌提升，你有没有这个预算或者这个魄力，真正地去把你原有的产业进行升级？这是一个挑战也是一个决策，升级到位了、成功了，就会像肯德基的店铺提升20%的营业额。可以说它未来的五到十年还可以继续赚钱，领先市场。从这个角度来看，肯德基的决策无疑是正确的。

我们总结一下根本思路，你要设计商业模式必须要回归本质，聚焦客户的需求和满意度。消费升级必须迎合年轻人，找对年轻人的需求，针对年轻人去设计你的商业模式。

3 如何打造一本万利的商业模式（二）

区锐强

前面我们谈了连锁规模发展的一些商业思维，现在继续围绕几大模块来谈谈商业模式的设计。我用一个模型来告诉大家在设计商业模式的时候，这些关键的要素你都要去打磨，需要把它做到彻底，这样才会让你的商业模式在满足各个需求时有很强的竞争力。投资必须要到位，且必须要产生效果，那么拿什么去支撑你的商业模式呢?

产品

首先，我们要回归产品，产品是实体店的核心，虽然我们说现在有产品不一定赢，但是没有产品一定输。不管你是做零售还是餐饮，产品是必须要设计、打磨和定位的。如果做零售，你必须要找到适销对路的产品，以及供应链的整合能力、采配能力，包括OEM（Original Equipment Manufacturer的缩写，指定牌生产或授权贴牌生产），一切都是要围绕产品去整合。那产品在单店的品类有多少，品类又是怎么去规划，销售的策略是怎样？这些叫作货品的管理。

产品好吃还不够，还需要适销对路，满足高频消费。现在做零售也好，餐饮也好，你在产品设计的时候永远要思考用户思维。因为竞争太激烈了，如果你的产品没有特色，就没法吸引他在一周来两次或者来更多次，不能满足他的高频消费，那就没法盈利，没法去做你的周转率。现在大家都知道开店成本高，我们说人力成本、租金成本、材料成本都在增加，利润在下降，那你如何开源？必须先解决产品问题。产品一定要考虑这几个关键词——适销对路、高频消费、差异化。这是个永恒的主题，说白了谁的水平厉害就是差异化的体现。

以名创优品为例，它刚开始是以小饰品来切入市场的，但是在升级的时候，它加入了化妆品、日用品和生活用品等，其实这些产品是高频的，我们称为刚性需求。现在我们可以看到这在市场上也是很火爆的一个商业模式，而且是成长率非常高的便利店。便利店为什么成功，因为它满足了功能便利的要求。便利店卖的东西主要是饮料类、食品类、生活用品类、小吃类这些高频消费的产品，所以说便利店解决的是就近便利消费问题，然后通过品类，通过适销对路来吸引熟客并变成生活的一部分。餐饮也是这样，你的产品是否在本地消费？口味方面是否高频？未来餐饮的方向可能就围绕形象、口味和品牌方面来打造。

差异化就是你能否通过你的供应链、你的资源和技术做到别人没有或者很难做到的，甚至你是控制资源的；或者说产品无论从包装、品牌、品质、品位、口味方面都能超越对手，这个也是差异化。所以说好吃很重要，包装也很重要，而且要适销对路，能适应当地消费，因为做连锁，解决当地市场才是王道。你或许听了很多所谓的成功案例和经验，坦白说那些对你没有任何价值，因为跟你的市场不匹配，你只是学他的方法用到你的市场。

产品是核心，商品组合也是核心，所以在谈到营销4P（产品、价格、渠道、促销）组合时产品是第一位。产品需要专业、系统的打磨，作为一个商业模式来说，产品是一个媒介，或者说链接的核心，没有好的产品，成功率会降低。

定位

产品也会涉及定价，定价就是我们说的价格定位，它决定了你的客户群体，这也是打造商业模式的一个本质。现在我们看到很多成功的案例都在抓“性价比”。传统的商业，由于原有的市场垄断或者信息不对称，导致在设计商业模式时会利用上游跟下游之间的市场差异，创造高利润。但随着互联网快速发展，中间环节慢慢被打磨掉，现在都提倡厂跟店直接对接，这是未来的趋势，带来的是价格的回归。

我们也可以看到消费者越来越精明，他们同样希望有性价比地消费。当然，谁都想拥有最高的利润，但你是要顾客质量还是要短暂的盈利，这是要平衡好的问题。你要做到一本万利的话，在未来定价时性价比的设计还是要与目标群体尽量靠近。虽然说现在也在发展高端，但是记住高端毕竟是小众，小众的话，那带来的问题是什么？就是如果小众的基数在竞争，风险就更大，对手进来，对你们的冲击会很大。

所以定价还是非常重要的，那我们怎么做到性价比？还是要PK供应链。记得十几年前搞ERP（企业资源计划）系统，大家都很痛苦，但现在没有ERP，你根本没法做一个平面。这种软件的支撑包括管理水平，以及你的上下游资源的打通，这些都是在做商业模式时要考虑的点。在这个方面我有几个经验要给大家分享：

第一，我们要提升口碑和顾客的满意度，关键要重视店里好卖的品类，优化好卖的品类，不要花太多时间去提升你排名靠后的品类。如果说利润可以保证未来再投入的时候，我们建议大家花更多的精力去升级你店里排名前三、前十的产品，什么意思？举个例子，以前有家餐厅，水果沙拉一个月可以卖一两千份甚至更多，有些产品一个月只能卖一两百份，如果你是管理者，在投入有限的情况下，你怎么去调理产品？我建议大家集中精力专注升级水果沙拉，把它的品类、新鲜度、个头、味道都要升级。因为你一旦升级排名品类好的产品，也就意味着顾客的基数就大了，很多人会感受到你的变化，这个是我的实操经验。

第二，在利润达到一定的合理状态时，提醒各位要升级原材料，找到更有品质的材料去做你的产品，让口感、品质继续升级。刚进入市场的企业没有资金，没有这个魄力去升级原材料，但持续赚钱的企业它是可以升级的，因为有利润空间去升级。最近我去考察点评广州的禄鼎记餐厅，发现它现在生意很好，利润也非常棒，但是这个企业经营最好的是它的配料，传统产品的配料一直在升级，比如说花椒的做法一改传统，味道非常好，这才是高手的做法。

在追求性价比时，通过供应链的调配进行最大化，在保证质量、控制利润的情况下给到顾客实惠，所以“定价定天下”没有变，你性价比的设计吸引客人也没有变，这就像是方程式一样，每个环节都要考虑，还要不断去总结。所以说对于现在企业来说最难的是什么？是全方位，外部的竞争和内部的供应链，什么都要作为高手，全能冠军不能只是单向。

渠道

在商业模式的设计中，我们还要提到形象或者渠道，就是你的店面。CIS系统就是你的视觉识别系统、店面的形象系统、品牌系统以及你的营销系统。这些五官可以感受得到的，我们一定要聚焦，跟你的品牌要匹配，同时力争做到高颜值。高颜值就是发挥设计师的创意，在体验感和空间方面做到出色，让路过的客人被你吸引。

再拿名创优品为例子，你可以看到名创优品的陈列充分利用了整幅墙，有序而立体，整体简洁的装修衬托出整个卖场气氛。它的空间和这种陈列，是源自日本的设计师，起点非常高。讲到店面形象环境要跟国际接轨的时候，很多民营企业家都会说：我的天哪，我做不到。那你肯定做不到，所以要找专业的公司，经过专业设计，然后通过样板店，再通过一些材料、道具模型把它做到位，然后定稿，这个是你不能回避的或者说不能够马虎的一个环节。

肯德基也在改变，它用的材料也不是很贵，但是你会发现它所用的红色变了，构图也在变，而且他店头下面贴了一种“文化砖”，再加上黑色边框，这种改革让整个空间都变得很时尚，这些都是他们花了高价去请人做的。还有在场景设计方面，我们希望能够做到全方位的体验，通过灯光、音乐、饰品，综合起来做出一种体验感。

这里再举一个我们辅导过的案例，叫广隆蛋挞王，他们在新店升级方面做了投资，在店面的形象高颜值方面也体现出效果，但同时他们也请行业公认比较顶尖的陈列师进行了标准设计，就是月饼怎么去卖。最终我看到的效果非常好，在2016年中秋它的月饼销售创造了纪录，这个跟陈列设计其实有很大的关系。

所以我要告诉各位企业家，听也好，学也好，都知道它的重要性，但是在行动特别是需要投资的时候，那就另当别论了，这就是一个态度和执行力的问题。有可能省了不该省的钱，最后出来效果很尴尬而比不上你的对手，最终你输了也是这个原因。

4 如何打造一本万利的商业模式（三）

区锐强

对于如何设计商业模式和单店模型，我们讲到了产品、价格、渠道，除此以外还有什么呢？就是促销和聚焦文化、回归生活方式。

促销

在连锁行业，不管餐饮也好，零售行业也好，都要做好专业运作。在设计商业模式时，很重要的一点是要建立你的品牌系统和年度营销计划。品牌系统会便于你的传播，以及产业的打造。在定位表达中，品牌是资产，它能够让你产生差异化，抢占消费者的心智，引起共鸣。我们讲的是一个全面的连锁商业模式的设计，这些不是小的策略，而是一个大的、全面的思维。所以我还是要强调品牌的重要性。

另外，不管你是做优惠、派礼品，还是做体验，我们要做营销策划，去拉动与客户的联系。这种营销还包括主题、节日、季节、会员的营销，丰满、立体的营销会让顾客产生黏性。

麦当劳的品牌系统可以给大家做个参考，这是一个非常专业的工具，打造一个品牌系统要聚焦你的核心理念，然后把所有能调动的资源和行为，包括我们说的店面设计、员工服装、营销、装修等置于外围，形成你的服务流程。这是美国行业通用的一个工具，像7-Eleven、麦当劳这些国外连锁老牌企业都会用到这个工具，用专业来打造品牌，让你的核心理念引起顾客的共鸣，最终成为我们最重要的核心。今天展示的工具只是提供一个思路，这些大企业都是请专业公司做的，用专业技能和能力把这个工具用到极致，产生效果。

需要投资经营的部分都是要聚焦的，只有聚焦才会打透，才能让消费者记住。我们看到很多企业钱也花了，也做了很多工作，但是不聚焦，最终消费者记不住你是干什么的，记不住你的核心优势。无法聚焦变得松散，品牌就没有价值，越聚焦就越能抢占市场。我们问一千个客人中有多少人记得你卖什么，这本身就是评估一个品牌是否聚焦最有效的一个方法。麦当劳这么多年一直在做年轻人的核心理念，做年轻人的市场，以年轻人的生活方式，打造年轻人的时尚体验。无论小孩子还是大人都能说得出来麦当劳做什么的，这就是它品牌聚焦产生的效果。

做好品牌系统，营销部分也要跟上，最常见的是互联网营销。对于实体店来说，我经常会提到一个案例——星巴克，我们可以看到这些专业运作的企业，他们在互联网的应用方面是非常成功的。像星巴克利用互联网打造第四空间，它全国有三四千家店，一个新品上市，你可以看到其微信公众号的阅读量超过10万，这是很大的一个数据。星巴克在互联网的运营上面用了5年的时间去打造，做了很多投入，再加上团队的策划，非常难得。如果有志于做互联网营销的企业，建议大家去研究星巴克，看它是怎么运营，怎么吸粉，又是如何达到千万级的粉丝去支撑互联网的消费的。

在这里需要提醒各位，互联网营销的确可以适应很多品类市场，对于还在起步或扩张期的企业来说，还有很大的空间。具体来说你是否能在本地市场占优势，第一个是品牌领先，如果品牌实体店的营业额规模、口碑是领先的，那么就考虑挑战是什么？就是你互联网的粉丝是不是最多，如果不多的话，有互联网经验的人进入你的市场很快就能把你的粉丝抢过去，这就是风险。营业额、口碑、互联网粉丝量都做到本地市场的前几名，这种店就有核心的竞争力，这时候才适合在商业模式上利用互联网。

讲到O2O，我一直主张民营企业不要轻易做线上销售，因为线上和线下销售的专业度完全不一样，我们没有这个资金，也没有能力做线上销售。线下实体店更建议做线上营销，用可控的成本，做最大化的营销。星巴克没有在线上卖咖啡，但是它一直用线上营销来拉动粉丝做黏性，最终可以说是成功了。所以，它可以开到一些别人不敢开的商圈，而且赢利，这是星巴克很强的一个优势。这就说明这种商业模式已经渗透在你身边，它不是一个大众或者说便利性的消费，但是它能够开到胡同商圈，我认为最成功的一点就是它有千万级的粉丝。

聚焦文化、回归生活方式

商业模式设计方面还有一个方向可供大家作为参考，就是未来的方向是聚焦文化，回归生活方式。

如何设计一个能够跟文化关联的商业模式？这是大家值得去研究或者挑战的。中国改革开放近40年，物质文明发展、国力显著提升，现在需要精神文明，精神文明标志性的就是文化复兴。以前我们追崇外国文化，未来是中国文化影响全世界。如果你能够把你的商业模式跟文化关联起来，特别是对有历史的、传承性的文化做挖掘，那你的商业模式就具有很强的竞争力。在未来拓展市场的竞争上会有很强的生存空间。这里举个例子：我们辅导过的贵阳的老凯俚酸汤鱼，这个企业通过十几年努力可以说是成了贵阳的餐饮美食名片。

“一辈子只为做好一坛酸汤一条鱼”，这本身就是聚焦文化。酸汤加贵阳小吃，这种有根的产品非常有地方特色，然后店面装修也是很民族化的阁楼竹楼。服务员也是民族服饰，在你用餐时还会有歌舞表演，甚至从厅堂过来敬酒，让人印象深刻。本地人爱吃，很多旅客也都慕名而来，广州跟贵阳的高铁开通了以后，营业额更是上升了很多，这种顾客的叠加非常成功。这也是我所看到的文化聚焦，而且做得很极致，它准备以后在深圳开外地店，这个商业模式如果操作到位的话，开到全世界都有它的核心竞争力。

聚焦文化和回归生活方式，还可以看看广州的一个品牌，叫广州洛奇先生餐吧。它的定位就是美国西部文化，定位到文化加潮人的生活方式。餐厅的装修、环境、服装、服务员、乐队表演，整套出来都是围绕美国西部文化，而且体现了一个拓荒的美国精神。产品是牛扒加啤酒再加pizza（比萨）等，非常有特色，成为潮人晚上首选或者经常去的生活空间。洛奇先生餐吧在广州做了六七年，虽然只有三家店，依然每天都等位，单店盈利几百万元，而且店里面服务员很多，外籍乐队都是美女帅哥，非常养眼，音乐也非常专业到位，空间感非常好。我们说年轻人喜欢去夜场，但总去夜场也会嫌吵，而这里就成了一种有特色、有文化味道的空间，这就叫一种生活方式了。

类似的还有零售企业名创优品，它抓住的是女性淘宝购物的生活方式。

围绕商业模式的设计我们做了一些分析，也举了一些案例，最后总结一下：你要设计一本万利的商业模式，可以考虑用上面这种模式。要清楚：产品是链接消费者的基因；确定产品的价格，定位你服务的群体，通过性价比保证盈利，又给到客户良好的体验；渠道，店面形象如何与定位匹配，让消费者记住，有高颜值又有聚焦效果的；品牌怎么去打造，营销模块怎么去做；还有你是否能够聚焦文化，回归定位人群的生活方式。你可以说这是一个模型，也可以说是一种思路，你必须要一项一项去抓，这五个模块你都要去打造，都去打透才可以有核心竞争力，缺一不可。

名创优品的案例大家可以看一下。从运营系统、供应链、货品整合、发展模式、品牌模式等整个品牌供应链来打造这几个维度，也决定了你的商业模式是否能够持续发展、有方向。

最后，也建议大家能够去开不同样板的店，就像7-Eleven便利店会开中心店、机场店、社区店，然后让不同的店都赢利。吸引不同的消费者，这也是商业模式。发展要解决的一个问题就是建立不同商圈的样板，这个样板价值可以作为商品营销的策略，这些都是可以通过经验、模型的总结来支撑你的发展。大家可以尝试从上面提到的这个工具的角度，全方位去设计一个连锁的商业模式，展开后我相信对大家一定有启发。

因为连锁是很专业的，它需要很多细节，很多独特的内容，不可能我这么说就能全懂，更重要的是去学习，去执行。

5 餐饮赢利模式设计

李林春

中国消费在升级，餐饮行业进入微利时代

过去，企业的利润很丰厚，属于暴利时代，现在，企业普遍进入微利时代，原因是什么呢？

2016年中国餐饮的现状呈现“四高一低”。“四高”指：租金高、成本高、人力费用高、能源高；“一低”是利润低，有些品牌利润趋于零，甚至是负数。面对这种微利经营局面和中国人消费体验的升级，我们需要重新定位、创新赢利模式，才能获得利润的保障。另外，原有赢利模式和赢利能力不断弱化，跟不上消费者的体验需求；原有赢利模式也有明显的淡旺季，比如周一至周五不旺，周六日旺，也让传统的餐饮企业确定唯有创新是核心，并不断创新赢利模式，才能持续赢利。

怎样创新赢利模式?

首要的是，环境已转变，顾客需求也随着改变。我们品牌成功开创，经营到现在愈发艰难，这是要问问自己，昨天的太阳还能晒干今天的衣服吗？答案是：不能！所以，现有的餐饮品牌要重新定位，弄清楚，现阶段要赚谁的钱？记住：弄清目标顾客，创新赢利模式，才能持续赚到目标顾客的钱。

餐饮行业的发展路线

餐饮行业一直在进化。

我国餐饮业的发展，已经历了三个时代：食物时代—硬体时代—软体时代，现在开始进入第四个时代：心体时代。

在20世纪90年代以前的食物时代：产品为王，只要找到合适的厨师，特色的产品，分量足够大，就能吸引顾客，做到生意。这时候的餐饮业注重食物本身价值体现，利润并不大，中餐的毛利润基本上徘徊在50%～60%。

进入20世纪90年代的硬体时代，餐饮企业通过硬体的装修、新材料使用、设计优化，创造出了更好的赢利模式，餐饮业开始注重产品以外的价值体现。精致的装修给顾客带来环境附加价值，菜式的独特造型营造产品附加价值，这使餐饮企业赚取了更大的利润。

步入21世纪，餐饮业开始进入软体时代：这是一个细节决定成败的时代。餐饮业进入软体时代后，通过顾客体验细节来产生价值。细节做得好的餐饮企业注重：软装颜色的搭配、专属的一次性用品、品牌文化墙设计、提供个性化服务等。例如，2000年，广州酒家提供的报纸杂志免费阅读，绿茵阁增加的歌手、乐队表演，2007年，海底捞赠送眼镜布、纸巾给顾客等，这些企业都懂得在目标顾客吃饱、吃好后，对细节体验价值的需求点，这些注重细节的餐饮企业都形成了极佳的顾客口碑和受到追捧。

心体时代：核心价值是通过消费者内心的心觉体验，使情感产生价值。

案例

海底捞与餐后水果

进入心体时代的餐饮企业，体验服务的模式在进化。

比如餐后赠送水果这个举动。往往是客人用餐后已经很饱，吃不下餐后赠送的水果了，当开玩笑问服务员是否可以把水果打包带回家时，服务员回答："切开的水果，从食品安全方面考虑不方便打包，需要的话可以送客人一个完整的西瓜。"这时候普通顾客会放弃打包水果，若执意打包的话，服务员会统一话术，说："西瓜较重，我们帮您送到停车场或直接送到家里。"话已经说到这里了，从消费者的心理来看：吃一餐饭打包一个西瓜似乎不合情理，就算了。但也有一些人会执意要西瓜，这时候服务员会说："行，如果您开车过来，我们会把西瓜送到停车场，若您是坐公交车或还要去其他地方，我们明天会把西瓜送到您府上。"

这是一个心觉体验非常棒的做法，它链接了顾客的情感，产生有性价比的情感体验。所以，我们要设计、营造服务的“五觉”体验，使顾客产生美好、舒适、幸福的心觉体验。

设计餐饮的赢利模式

赢利模式设计有两个价值核心，三个关键点。

餐饮赢利模式是餐饮企业商业模式的四大板块之一。餐饮商业模式包括四大板块：餐饮管理模式，是解决一家企业经营稳不稳固的关键；餐饮文化模式，是解决一家企业生命是否长久的关键；餐饮投融模式，是解决一家企业经营发展快慢的关键；而餐饮赢利模式，在金字塔尖，是一个企业能不能活下来，能否长大的关键。

一个餐饮品牌的成功，有三个关键因素：赢利模式、团队、资金。有好模式、好团队，就能找到资金。何为赢利模式？赢利模式就是赚钱的方式。何为好模式？好的模式就是能够成功复制赚钱的方式。餐饮业发展到今天，已是模式战胜经验的年代。利润不再止于管理，更多的利润，是可以被设计出来的。就像顾客满意度，看似难以标准化，但事实证明，满意度也是可以通过设计来得到的。赢利模式同理，王品、西堤牛排、外婆家、乐凯撒、巴奴等成功的餐饮品牌中，都体现了模式设计的效果。

例如王品牛排产品的核心价值是一头牛，仅供六客，突出产品的稀缺、贵重价值；西堤牛排产品的核心价值是专做厚身牛排，突出“厚才多汁”的差异化优势。这两个品牌都在设计赢利模式之前，通过精准定位，来设计可成功复制的赢利模式。王品通过设计产品的珍稀价值来款待心中最重要的人；西堤则是通过设计厚身牛排来区别于同行的薄身牛排，它精准定位厚身、多汁的产品，成功创造出超越同行的赢利模式。

又如绿茶，从产品定位出发，设计出了精确到秒的出餐速度，也设计了可以集中加工的产品，还设计出拿顾客等待的时间换取更低价的消费体验。这种价值的让渡设计，体现了赢利模式中产品结构设计、出品时间设计、服务流程设计的功力。正是这些定位的精准和赢利模式，成就了这些餐饮品牌的成功。

成功的餐饮赢利模式，是一个“三效好”模式：人效高、平效高、品效高。如麦当劳、西贝这些成功的品牌，其人效、平效、品效在行业里面都是首屈一指的。顾客追捧某餐饮品牌，是因为该品牌对顾客有价值。顾客不再追捧一个品牌，是因为该品牌对顾客已经没有价值。所以，设计餐饮赢利模式的成功关键是：要为目标顾客设计、创造核心价值。

赢利模式的设计关键是核心价值：产品价值+情感价值

设计的核心价值需要通过设计创造价值、传递价值、获得价值，这三个关键点来实现。

赢利模式的核心价值要抓住顾客的心智、认知、记忆点，体现在两个方面。第一性：产品价值（功能价值角度），设计战略单品、“五觉”产品来体现功能价值。唯一性：情感价值（“心觉”价值高度），通过设计“五觉”环境、“五觉”服务，来体现情感价值。

设计赢利模式的第一步：要从产品价值和情感价值来设计

模式的核心价值。产品价值给顾客带来生理上的美味，告诉顾客你在做什么，建立顾客对一个品牌的信任。情感价值能满足顾客的心理美味，让顾客在心体时代有幸福体验，这链接了顾客的情感。

例如，星巴克的核心价值，产品价值是“上好的咖啡”，情感价值是“体验情感的第三空间”。沃尔沃汽车的产品价值和情感价值分别是“最安全的汽车”“有面子的豪华汽车”。海底捞产品价值和情感价值是“上好，品质稳定的火锅”，加上有面子的优质服务体验。

这些品牌设计创造的核心价值鲜明，通过服务链的设计将价值传递到顾客，最终让顾客获取价值。因此，设计赢利模式的第一步：要从产品价值和情感价值来设计模式的核心价值。

赢利模式设计的三个关键点

设计，创造了核心价值，下一步就得考虑价值的传递、获得。

成功的赢利模式设计，要体现三个关键点：差异化的绝对优势、令人难忘的“五觉”体验和性价比的绝对优势，即创造价值、传递价值与获得价值。

（1）创造价值：差异化的绝对优势。

以海底捞为例，在火锅行业里，许多有特色的火锅，它们的经营模式不尽相同，但一提到服务火锅，顾客第一想起的就是海底捞。因为海底捞在火锅行业中用服务创造了差异化的绝对优势，服务质量第一，唯一以服务为差异化的火锅餐饮品牌，以这种差异化的绝对价值优势，创造了绝对领先的性价比体验价值，差异化的价值设计也成就了海底捞绝对的行业地位。

（2）传递价值：令人难忘的“五觉”体验。

设计令顾客舒适的“五觉”体验。产品的“五觉”指，设计产品的视觉、嗅觉、听觉、触觉和味觉。

案例

麦当劳产品的“五觉”体验

视觉：红、黄暖色调食材选用，令人开胃。

嗅觉：酥炸、香烤烹饪营造产品的香味。

触觉：现炸、现烤的高温触觉，营造稳定的温度触觉体验；一次性纸质盛器，营造卫生的安全触觉。

听觉：酥炸的包裹材料，营造嚼食物时的格脆声音。

味觉：酥炸、现烤、机器保障稳定品质，营造美味味觉。

功能价值，麦当劳设计了安全、美味、稳定的品质。

情感价值，麦当劳设计了“我就喜欢”。这个情感价值链接了目标消费者的消费心理，传递并满足了个性、追求自由的情感需求。

用功能价值建立信任，用情感价值链接目标顾客的情感。麦当劳在传递价值方面设计成功，也成功传递了价值。

（3）获得价值：性价比的绝对优势。

创造了价值，传递了价值，但顾客不一定获得价值，所有没有获得价值的价值都是不存在的。因此，如何让顾客获得价值，是我们要设计的一个关键点。

案例

"美的"与"格力"之间的搏斗

在空调行业里，格力和美的是一对竞争对手，他们之间的竞争，就是性价比绝对优势的竞争。格力从第一步："好空调，格力造"的核心功能价值诉求开始，奠定了空调功能价值性价比的绝对优势，告诉消费者买空调格力最好，即好空调、格力造。

美的空调，聪明地选择了另外一个更好的核心功能价值作为绝对优势。设计了：买变频，选美的。设计的核心功能价值，告诉消费者：普通空调虽然格力最好，但是变频空调我最强。

格力重新定位，设计了新的核心价值：格力掌握核心科技。告诉消费者，我们拥有核心技术，其他品牌的变频技术都是购买的，不是原创的，不可靠，再次树立性价比的绝对优势。

美的紧跟重新定位绝对优势的核心价值：每晚只需一度电。这样的核心价值链接了消费者的情感，消费者对空调最关心的是制冷效果好，其次还要省电。在这一点上，美的满足了消费者的需求点，取得性价比的绝对优势。

海底捞的性价比绝对优势就是在于其核心情感价值，它不会说自己的火锅最好吃，但它的服务是最好的！这是"有面子"消费需求的结果，"有面子"是最有优势的性价比。面子，谁不在乎？在海底捞花一百多块钱，可以获得非常有面子的消费需求，请朋友、客人的体验都很好。这就是海底捞设计的核心价值，有性价比的绝对优势，让客人获得“面子”的核心价值——情感价值。

微创新与颠覆性创造

餐饮赢利模式设计有两种工具：一是微创新，二是颠覆性创造。微创新是指在现有基础上重新定位，创新现有模式。颠覆性创造是指从无到有，横空出世，创造独特，有绝对竞争力的模式。哪个工具更适合我们？

案例

你不知道的火锅微创新

海底捞的成功是用微创新的方法优化创新火锅行业里面的服务价值。首先，海底捞不是火锅的创造者，它只是微创新了火锅的功能价值：稳定、美味的火锅品质，由此建立了顾客对海底捞的消费信任。另外，更重要的是，它微创新设计了情感价值——以有面子的消费需求，来链接顾客的情感。

火锅行业远不止海底捞的微创新，江山代有人才出。重庆地区，有7万家火锅企业，全国有35万家火锅企业（2016年数据），它们也在对赢利模式进行微创新。

小天鹅：推出辣和不辣的鸳鸯火锅，它由此独领风骚，成就了品牌；

小肥羊：推出了不上火，不蘸小料的羊火锅，它一骑绝尘，成功登陆股市；

呷哺呷哺：推出了一人一锅，它抢占了商务火锅市场的优势地位；

巴奴火锅：推出了美味毛肚加菌汤火锅，它背靠海底捞，成功树立品牌。

总的来说，微创新，就是用“小”创造“大”！毫无疑问，微创新是我们的首选，因为用颠覆性创造模式的话，风险是巨大的，做得好是先驱，做不好，就是“先烈”，而且成“先烈”的可能性远远大于成先驱。

用“小”创造“大”，就是用最小的投入创造最大的收益。所以，模式设计的核心就是创造价值，而性价比的优势背后，都是设计模式核心价值的体现。模式设计有个底线，就是不要挑战高难度。降低难度就是降低经营风险，如何让我们设计出来的模式更强，活得好、活得久才是关键。所以，微创新是我们设计赢利模式的实用工具和设计方向。

微创新的三个方向

微创新设计餐饮赢利模式有三个方向：开发新业态、提供新价值、创造新模式。只有模式设计的发力点清晰，才能设计出有性价比的核心价值。

（1）开发新业态。

同样是火锅，服务火锅是新业态，不同于其他任何以原料、味道为特色的火锅，所以海底捞设计服务火锅的性价比价值能取得成功。

（2）提供新价值。

对于火锅，有人喜欢辣，有人不喜欢辣。小天鹅就看到这个市场的空间，提出了鸳鸯火锅，一半辣，一半不辣，各取所需。小天鹅设计的赢利模式满足了顾客对新价值的需求，所以能取得成功。

（3）创造新模式。

火锅里面有各种肉类、各种配料，不仅给我们的选择造成很大困难，还很容易让人吃了上火，另外材料多了，保管也不易。针对这些特点，小肥羊设计了一种火锅新模式，专做羊类的火锅，这种火锅不蘸小料，不上火。小肥羊重新定位了火锅，设计了赢利新模式，也取得了成功。

模式战胜经验的年代，靠经验已经不足以在市场上获取更大的赢面，我们需要重新定位。重新定位包括九大方向：顾客、价格、产品、品牌、选址、服务、营销、时间、环境。从九大定位开始，微创新现有的餐饮赢利模式，设计新价值，最终让顾客获得我们设计的模式的核心价值，就可以成功经营，赢得市场地位！

作者简介：拥有十余年连锁餐饮经营管理经验，是深圳幸福四洲品牌联合创始人。曾任中国餐饮百强广州绿茵阁餐饮连锁公司区域经理、香港上市企业四洲集团中国餐饮部区域总监。

第三章
连锁门店业绩提升的奥妙

1 传统门店生意提升的原理

谭越

近期我国经济不是很景气，而这恰恰在考验我们的门店功夫。经济条件好的时候水涨船高，风口上的猪也能飞起来，如果我们是有幸处在风口的行业，我们的门店管理就算没有精湛的功夫也会有较好的收益；而在经济不景气时期，再加上电商的冲击，我们要取得优异的成绩，就更要练好基本功，迎接新挑战。行业不同，门店操作也不尽相同。但是门店生意提升的基本原理还是异曲同工的。下面就以冰箱为例，讲述实体门店生意提升基本原理。

实体门店销量促成6指标

实体门店销售额的提升是通过哪些指标的提升来实现的？比如肯德基的结果指标（也就是销售额）是受哪些过程指标影响呢？过程指标主要有两个因素：TC（交易次数/人流量）和AC

（客单价）。

著名的快消品公司可口可乐，针对终端门店，他们也有一个终端的生意提升指标PITA，销售促成过程指标模型。P代表Population，人流量，指一段时间进入门店的人数；I代表Incidence，指购买率；T代表Transaction，指购买数量；A代表Amount，指购买金额。

而对于绝大多数消费品来说，我们会使用一个通用的模型，就是实体门店销量促成的6指标模型：

门店销量=客流量×拦截率×体验率×成交率×客单量×客单价

这6个指标的提高就是促成门店销售提升的6个要素。

那么，这6个指标是如何定义的呢？

（1）客流量：经过门店的购物者数量。对于冰箱这种消费品来说，就是进入连锁卖场的冰箱销售区的人流量。

（2）拦截率：又叫进店率。指既能经过门店又能进入门店或展区的客流的比率。

（3）体验率：就是消费者试用体验的比例。对于服装来说很容易理解，就是试穿的过程。但对于贵重商品该怎么办呢？尤其是很多商家在冰箱、彩电、高级沙发、红木家私等商品上面还会贴有“贵重物品，请勿触摸”的字样,其实这种做法就不可能有很好的顾客体验。

那么冰箱是怎么实现体验的呢？在实际销售过程中，我们观察到：凡是进入冰箱展区的有意向购买的客户平均会触碰3~4台冰箱。所以，在操作中，我们设定：导购员以引导客户体验3~4台冰箱作为标准要求，这样就大大提高了顾客体验率，同时对成交率提升也起到了很大的帮助。

（4）成交率：指最终成交的客户比例，这个比较容易理解。

（5）客单量：也叫连单率。很多行业会关注客单量，比如服装行业，买了上衣一般会建议客户买一条裤子进行搭配，其目的也是提高客单量。肯德基、麦当劳这样的快餐企业也非常重视客单量，例如他们的服务员会在客人点餐时推荐加两元换大杯可乐的菜单，这些都是提高客单量的办法。对于冰箱企业来说，也是有可能提高客单量的，比如小冰柜，可以用来放茶叶，我们称之为茶叶柜；亦可以用来放熏肉腊肉，称之为腊肉柜。我们把小冰柜称作冰箱伴侣，将其与大冰箱搭配销售，可以用来提高客户的客单量。

（6）客单价：早期的企业做销售并不重视客单价，而主要关注走量。但要提高利润率，客单价是一个非常重要的指标。过去的冰箱企业，主要销售两门冰箱，两门冰箱销量最大，单价也比较低，在1000元左右。随着经济的发展，人们生活水平提高，对产品的功能要求更多，对质量要求更高，对冰箱的要求更多从三门过渡到多门、对开门等更高档的产品。于是客单价也随之增加，两年的时间内客单价翻了一倍，促销员的提成变多，渠道商的利润也增加，厂家的利润也大大改善了，其实是一个多赢的举措。

以上6个指标看似简单，实际做起来并不容易。要想提高实体店的销量，必须逐一研究这6个指标提高的方法，从而提高整体销量。

从之前的从业经验来看，其实我们做销售的人隔一段时间都会做一个动作，叫作back to basic，就是回到起点。我们每个人其实都一样，会在烦琐的工作中慢慢迷失了自己。其实很多时候销售要创新，还是应该找回最基本的东西，从基本点出发去创新，可能你的创新会更有效。就像巴菲特在做价值投资演讲的时候，有听众提出来说："你讲的我都知道。"巴菲特就回答说："是，你都知道，可是我都能做到。"所以，原理都很简单，但是大家要做到却不是那么容易。所以，希望大家都回去看一下自己的门店，从这6个指标去分析，哪个指标我还能再提升一些，改善一些，我如何能让这些指标做得更漂亮。

实体门店销量指标的影响因素

哪些因素可以影响这6个指标呢？比如"双十一"的大型促销就会给很多电商商家引来大量的客流量，所以促销是可以影响客流量的。还有一个因素就是位置，比如卖手机的门店，我们知道苹果是手机中的知名品牌，如果你的门店在去苹果门店的必经之路上，也会有一些客流量的提高。另外，就是好的导购员可以提高拦截率/进店率，也可以提高你的成交率。

影响以上销售促成6指标的因素有哪些呢？主要分为3个维度，8个要素：

（1）人。导购（要素1）：优秀导购会提高进店率、体验率和成交率。

（2）货。出样（要素2）；库存（要素3）；价格（要素4）。

（3）场。位置（要素5）：比如说买手机的门店在苹果门店的必经之路上，也会促进一些隐形的客户消费；陈列（要素6）；

助销（要素7）：帮助销售的意思，指广告销售的物料，有的公司叫物料，有的则叫POSM，辅助销售材料，如海报、赠品等；促销（要素8）：比如“双十一”的促销活动会增加客流量。

这里面的每一个要素的好坏，都会影响到销售促成的6指标。比如导购，好的导购可以影响进店率、体验率、成交率和客单量的，好的介绍甚至可以影响客单价。价格也是会影响体验率和成交率。

那么在销售促成指标这8个要素中，到底哪个要素对我们更重要，核心要素是什么呢？不同的人会有不同的回答，不同品类的关注点也是不一样的。但有一样东西是一致的，那就是：实体门店销量提升都是以消费者/购物者为核心的。

实验：你真的了解购物者吗？

男生和女生共同接到一个任务，去一家快时尚品牌门店Gap买一条短裤。男生直奔短裤区，花了六分钟，买了一条价值33元的短裤；而女生则是逛了整个商场，花了3个小时26分钟，最终在Gap买了一条短裤及其他产品，共计876元。

了解消费者/购物者是非常重要的，特别是女性的行为、心理以及需求。购物者的决策过程很复杂，一个购物者在购物过程中通常是这样的：通过5种感觉，产生8种心理，形成4种动作，最终做出决策。

（1）5种感觉是视觉、听觉、味觉、嗅觉、触觉。在冰箱门店，也需要考虑到客户的5种感觉。比如冰箱声音很静，打开冰箱给客户一种很清新的感觉等；经过一些面包店时会闻到很香的焙烤味道，其实不一定就是面包发出来的味道，有可能是卖家在风口处放置了香精，使之散发香味吸引客户。

（2）SK-II店内播放着非常吸引人的广告，代言人汤唯皮肤非常好。消费者看到广告，联想到用了产品，自己的皮肤会不会变得跟汤唯的一样好，从而勾起了购买的欲望。这就是8种心理中前4步：注视、兴趣、联想和欲望；后4步是比较、信心、行动和满足，消费者都有一个比价的心理。有了信心就会有购买的行动，从而产生满足感。

（3）消费者购买产品时也会有一些简单的动作。比如停下来，产生兴趣，进行比较，最后购买。销售者还有一种习惯，就是还希望有分享。

生意提升原理就是以消费者/购物者为核心，改善提升销售促成指标8要素，从而提升销售促成6指标，最后提升门店销售额。

位置的选择

以冰箱为例，在功能区域内，如何选择位置？在功能区域里面，位置分为三类：入口位，例如电梯口、门口，其客流量最大；主展示位，如主通道，其客流量最集中；角落位，如通道尽头、其他品类旁，其客流量最少。我们可以从以下三个方面考虑：

（1）战略层面，不同商圈不同门店的战略地位是不同的。比如在高大上的商圈，门店销量也很高，这种重点门店就要考虑好的位置了，需要花重金租店铺。而对于优势店铺，品牌的市场份额占优势地位，或者一般店铺，本身产量并不高，则不需要花重金租最好的位置了。

（2）投入产出比层面。

（3）竞品。主要从两方面去看：一是行业领导品牌的位置；二是主要竞争对手的位置，一定要比主要竞争对手的位置好。

店面的陈列布局

这里讲的是广义的陈列，跟一般的产品陈列是不同的，广义的陈列包含了布局。

农民为什么要划分土地进行耕种？农民可以根据每块土地的土质特点进行分类，种小麦、水稻等不同的农作物。一方面必须要因地制宜，种适合的农作物；另一方面必须要结合市场的需求，让土地的产出实现经济效益最大化。门店经营者，同样希望能在小小的门店内产生最大的经济效益。所以，门店销售提升在陈列这个环节，必须做好布局，才能有更好的效果。那么实体店面布局的划分标准是怎样的呢？主要分为主推位置、形象位置、分销位置、死角位置。在某些情况下，还有体验位置、洽谈位置、收银位置。可根据店面不同情况去划分。

形象位置：指客流量最大，迎客位置。最容易被客户注意到的位置。是可以最有效吸引客流及提高拦截率的位置。

主推位置：客流最集中的位置。购物者视线范围内的黄金位置。最有效提高成交率的位置。

分销位置：指购物者视线范围内，浏览产品时的经停位置，但不是最集中的位置。可以提高连带率。

死角位置：店面内不被消费者注意到的位置。

那么，实体店面布局划分的依据是什么呢？通常我们依据三个方面：

（1）展位形状。我们依托于卖场整个楼面，可能是正方形、长方形、L型，也可能是围着柱子的O形，深U形，浅U形。不同的形状，其布局划分也不同。

（2）通道划分。比如面对主通道更多的是形象位置。

（3）购物者动线。指购物者走动的路线。

依据不同，位置划分的结果不同；品类不同，位置划分的结果也不同。是什么因素决定了陈列布局呢？答案就是购物者动线。

以苹果门店的布局为例，消费者从右边走来，迎客位置放着iMac，苹果卖得最高端的台式机。人流聚集最多的黄金位置在中间，而中间的展示台放的是苹果的手提电脑Air或者Pro，左边（即消费者右手边）则是苹果最好卖的产品，iPhone的展位。分销位置在整个店面的最里面，体验台的左右两侧都是分销位置。通常苹果的门店布局就很好地依据了购物者动线。

购物者动线有三个原则：右手原则、直线原则、宽敞地。购物者习惯走右手边的位置，习惯走直线，喜欢宽敞的地方。

第一，右手原则。客户进了门店先从右手边进去，这样客流最集中的位置就是右手边的苹果手机及中间的手提电脑。

第二，直线原则。消费者都是喜欢走直线的，不能在展示厅里面摆很多东西，让购物者在里面走“8”字，这样他们会漏掉一些重要的地方，并且也会觉得很烦。

第三，购物者喜欢去宽敞的地方。苹果门店的设置非常宽敞，消费者愿意去这样的门店。如果你在里面摆很多沙发，把位置摆得很小，这样顾客是不愿意进去的。

大家也可以思考，在确定了实体门店的陈列布局之后，每个位置应该放什么类型的产品呢？产品有没有角色定位，哪些是形象贡献产品，哪些是销量贡献产品，哪些又是利润贡献产品呢？请留意我的后续文章。

作者简介：实战型高级营销专家，AACTP美国培训师协会认证培训师，中欧国际工商管理学院EMBA，问问高级专家顾问。

具有二十多年营销实战经验，曾就职于联合利华、雀巢、屈臣氏、百胜餐饮等500强企业。现担任咨询公司的资深专家，专注于消费品行业和连锁零售行业的营销战略咨询、教练、培训等领域。

擅长领域：营销商业模式、渠道策略规划、营销管理和团队管理。

2 实体门店营运秘诀——标准化流程

刘秋琼

标准化的好处

这是一个投篮的故事。

在一个体育馆里，有一个保安，他每天巡查完都会进行投篮活动，久而久之，其投篮的技术已经达到神乎其神的地步。有一天，该名保安正在投篮，这时候有一个其貌不扬的清洁工在旁边清洁地板。有了观众，这名保安就想卖弄一下球技。之后，清洁工也想尝试一下投篮，但由于他根本不懂得如何投，结果可想而知，动作非常滑稽，也没有得分。就在保安讥笑这名清洁工动作笨拙的时候，这名清洁工搬出了一堆工具，测量篮筐的尺寸、高度，投篮的线路，篮球的压力，以及投球的出手角度。经过缜密的计算，设计出标准的投篮公式。然后，清洁工站在篮球场中间，根据公式计算的结果与要求，投出了三个高质量的三分球。当保安看到如此神技时，惊讶不已。

其实很多企业员工，开始都跟这位保安一样。之所以做到一定的水平，靠的是不断地试错，不断地积累经验，但这个过程要花很长的时间。多数的企业无法在招募员工的时候找到熟手、有经验的员工。就算招到熟手员工，由于其工作习惯不同，在不同店铺工作的效果也不一样。那么，如果一家连锁企业处处不一样，如何能让顾客对该企业有所记忆呢？这位清洁工的做法，是把每一个关键控制点设定好，然后设定流程，再按照流程执行。其结果就是新手胜老手。

总结下来，标准化就是为了：

（1）令不同的员工、不同的店铺提供一致的商品和服务给顾客；

（2）令运作流程化，便于复制；

（3）便于找到问题所在，有利于问题的解决。

怎样才能实现标准化?

第一步　设定操作规范

操作规范就是一个框架，能够让之后的有关工作都在这个框架里面开展。比如企业开店，那么首选就是设定店铺面积，以及功能划分、硬件要求等。这样可以最大限度地保证所开店铺基本保持统一模板，也便于实际操作人员开展工作。就如同清洁工，在把篮筐的尺寸测量后，他投出的球都是标准的空心入篮球，即使在有其他东西影响的时候，球或许会在篮筐或篮板上跳几下，但由于有规范，所以最终也会投篮得分。

那么在门店里面，店铺清洁工作应该在营业前还是营业中完成呢？可能很多人理所当然地认为应该在营业前完成。但是有些小店铺为了不用早点来上班，加上早上顾客比较少，会选择在开始营业时做清洁工作。所以，如果没有明确的要求和标准，不同店铺经理会有不同的选择。店铺每天在营业前、营业中、营业后都有很多的工作要完成。

如何让每家店铺都能清楚在不同的时间段都必须完成哪些指定的营运工作呢？这就需要制定操作规范——店铺检查清单。店铺检查清单就是将店铺每天需要例行完成的工作格式化，有了这本清单，你每天需要做的工作就一目了然，而且可以按时或按规定完成。店铺每个班次负责人、巡店主管也能通过检查清单，快速找到问题所在。

案例

某运动品牌长沙巡店

我在长沙巡店时，上午11点30分到达店面。店铺人员事先并不知道我会突击到达店面，所以这时候我看到的是最真实的店铺情况。店铺有两名员工，其中一名员工在做清洁，擦玻璃。卖架上空空的，明显没有补充完货品，也没有达到公司的陈列数量标准。其实这些工作都是需要在营业前完成的，但我在检查清单的时候，惊奇地发现这几项事项都是打钩表示已完成的。通过我的检查，我认为该店明显没有按照操作规范标准来执行，并且有明显的作弊行为。所以，清单除了给店铺提供执行标准之外，同时也可以让管理层去发现问题。

第二步　设定控制点

当时，在阿迪达斯公司推出标准化管理后，下面的执行团队中有很多声音，认为这个操作规范太多条条框框。诚然，规范中每一条都很重要，但这也需要设定一个控制点来控制，这样操作规范执行起来才比较稳健。

控制点的意思就是在整个操作中，一些要点是必须要严格遵守的，唯有做到这些才能保证结果。就如上述故事中，这里的控制点就是投篮的力量、角度。至于用左手投还是右手投并不重要。

设定控制点有两个好处：一是充分考虑不同地方、不同人的差异，不过分追求一致，主要的点能够做到即可。这样既能保证结果，又令企业培训监督的成本降低。

我们的门店分布在不同的城市和商场，有许多不同的需求和千奇百怪的条件。但无论如何，我们必须先把自己品牌的关键控制点设定好。如连锁店铺内的品牌风格、陈列要求等，肯定是要按照公司标准严格执行的，这就是我们的控制点。但配货的比例，可以根据当地天气、商场活动、客人喜好风格进行调整。

二是在分析生意进行改进的时候，只要从控制点考虑，就可以快速地找到问题。举例，在连锁店里，商品的管理都要求“先进先出”，这就是一个控制点。操作的员工以及检查的员工都可以依次开展工作。至于商品在货架上以什么方式呈现，就不要求统一了。

企业为店铺制定了检查清单，作为店铺每天运营工作的标准执行规范。那么如何将这份规范做到有效和有用呢？这就要求我们设置好控制点。这份清单的三个控制点：一是时间，要将营业前、营业中、营业后的时间段分隔开来；二是清楚落实负责检查和填写表格的人员。一般是店铺当班的负责人；三是检查结果的跟进，出现的问题是偶尔发生的还是店铺常规问题，需要请示上级或者店铺内部马上解决。

第三步 数据化管理

数据对零售行业是非常重要的，在制定了操作规范和设定控制点后，接下来就是执行，数据化管理可以让我们及时从流程中得到反馈、发现机会点、发现问题并及时修正方向。

但是如何数据化呢？对于这一点更多地体现在检查记录上面。很多店铺都有对店铺环境、人员服务流程做出规范，但在检查的时候往往告诉执行员工，“这里差一点”“那里没有全部完成”等。“差一点”是差多少呢？每个人对“差一点”的理解是否一样呢？通常，操作规范上设定的界线为是否100%达到。这样，在日常检查过程中就可以用数字记录了，做到的记录为1，没做到的记录为0。这些记录汇总后，往往会成为管理的机会点。例如记录周一到周日的迎宾流程，通过一段时间的记录后，我们就会发现一些有趣的问题，比如我们会知道：哪些时间段迎宾和生意关联度更高，哪些人的迎宾执行做得更好，哪些迎宾语句对生意帮助更大等。当然，我们也可以记录每周或每月的检查得分，以此判定每家店铺表现的稳定性。当然，除了销售数据的记录，我们还会有客流的记录。

案例

某运动品牌广州旗舰店

在广州商业步行街，有一家运动品牌旗舰店，虽然它每天的客流量都过千，但成交率却只有3.5%。店长认为，这是客群的消费力不够高造成的。公司规定成交率目标最低也要做到4.7%，那么，如何找到成交率增长的机会点呢？这时候数据化管理的重要性就体现出来了。这家店当时通过分析每天不同时段的客流及成交记录，发现了一个有趣的现象：早上10点开门后到10点半这个时间段里，几乎没有成交记录，但这30分钟的客流量却占了全天客流量的11%。经过取证，他们发现店铺附近有一个公园，早上老人们锻炼完，喜欢进店享受空调。于是店铺做了一个小小的改变，将开门营业时间向后延迟了半小时，当月店铺成交率就增长了15%。所以，做好每天客流记录也是数据化管理的一种体现，也可以从中找到提升的机会点。

标准化管理除了能带给门店客人一种独特的连锁风格以外，更大的作用体现在远程门店、数量多的门店，它能给到他们标准的管理，节省企业更多的管理成本。

关于门店的标准化流程，不是短短的篇幅可以概括的，这篇文章只是为大家做一个铺垫，希望日后能与大家共同探讨。

作者简介：连锁零售运营专家，问问高级专家。18年零售运营管理经验，曾就职于Theme女装、Adidas体育、Bossini堡狮龙服饰等知名连锁品牌，历经女装、休闲服、运动品牌、腕表、皮具、珠宝等行业，行业跨度大，实战经验丰富。

3 连锁门店实战技能——生鲜配送宝鉴

叶君

我们首先来看一下伪冷链的定义。

伪冷链，就是网购的生鲜食品在快递运输中，并不采用承诺的全程冷链运输，而是使用冰袋、干冰、棉花等降温措施，中途商品甚至常温放置。伪冷链的出现是由于低成本，但这样运输的生鲜食品容易变质，严重损害消费者利益。

理想状态下是冷链配送到最后一公里，但在实际操作中，我们往往会看到这样的情况：7月份的北京，快递配送的蔬菜在没有任何冷藏设备的保鲜下，用白色泡沫箱装着在阳光下曝晒等待派送；同样是7月份的上海，×××配送站点的“冷链设备回收区”被大量普通快递包裹堆满。这两个现象恰恰反映了目前我国冷链配送最大的弱点和痛点。

“理想很丰满，现实很骨感。”生鲜配送往往就败在了最后一公里。为什么要谈“生鲜配送”呢？因为生鲜配送是所有连锁门店最难处理的一部分，如果你能把生鲜配送都处理好，那么常温配送简直是小菜一碟。农村电商将是下一个风口，我们说在风口上猪都能飞起来，握住了风口就成功一半。而生鲜配送就是经营农村电商成功与否的关键因素，因此我们要关注生鲜配送的最后一公里，关注农村电商。

生鲜配送三大痛点

痛点一：损耗率高

何为高何为低，只有对比才有差异。什么是冷链流通率呢？本应采用冷链运输的产品实际采用的比例，就是冷链流通率。在冷链流通率方面，欧美都是95%以上，完全领先于我们。由于我们的冷链流通率太低，使用冷链很少，导致流通的损耗率非常高。比如在果蔬方面，一百万的生意当中就有二十五万的生意是被扔掉的损耗。为了应对高得惊人的损耗率，我给大家的建议是：服务外包。

在以前的生产、生活以及物流领域，大家推崇的是木桶理论，即一个木桶能装多少水，取决于最短的一块板。而在互联网思维下，我们推崇的是“长板理论”而非“木桶理论”。当一个公司有一块板足够长的时候，其他的短板是可以通过外包弥补的。专业的人做专业的事，有专业的分工，是社会进步的一个非常重要的原因。

百事可乐在中国的战略是：把所有的制作、渠道、发货、物流全部外包，只保留市场部寥寥几个人运营百事可乐的品牌，它的成功有目共睹。百事可乐很好地运用了长板理论，通过把其他业务外包，这样就能把核心业务做得更精。

谷歌公司在2014年初宣布以29.1亿美元把摩托罗拉移动出售给联想，理由也基于长板理论。CEO佩奇解释说：这笔交易，谷歌将精力投入到整个安卓生态系统的创新，从而使全球智能手机用户受惠。意思就是，谷歌就是做系统的，我们买回来个手机公司回来补短板（硬件），现在发现不如专注我们擅长的长板（系统）更好。

连锁行业另一个非常经典的例子就是麦当劳。麦当劳只负责销售与品牌营销，而把物流、采购以及店铺设计都交给美国的夏晖集团(HAVI Group)，这种“专业的人做专业的事”的方法使麦当劳得以快速增长。麦当劳已经成为很大的连锁门店，夏晖物流的配送也非常专业，没连累过麦当劳缺货或者货发不出去。大家知道，麦当劳门店的仓库是非常小的，作为冷链的仓库就更小，但是麦当劳很少缺薯条、面包等原材料，这就得益于夏晖公司专业的供应链管理能力。另外，麦当劳物流的送货车也是来自于夏晖物流。当年我在香港工作时，就曾坐上这部车，6点钟跟车去香港岛送货。车外面看起来是一个车厢，实际上里面分为冷藏、冷冻和常温三层，不同的温度对应不同的产品。这就是夏晖物流的专业之处，也是麦当劳外包的英明之处。

痛点二：缺少可操作的流程

（1）流程太多，不知道如何执行；

（2）没有流程，不知道如何操作。

建议：模仿与创新。

一切伟大的创造都来源于行业间的相互借鉴、模仿。当一个小公司没有流程的时候，可以模仿中型公司的流程，当一个中型公司觉得流程不可以操作的时候，可以模仿大公司的流程。当然我们也可以看下送货的客户（例如沃尔玛、百佳）的仓库又是怎么设置的，这也是很好的学习机会。

说到模仿，我们来看两个经典案例。

第一个例子是比亚迪。汽车品牌比亚迪从2005年的盈利增长为负，到2009年盈利增长为274.86%，这中间发生了什么呢？模仿成就了这一切。当比亚迪刚起步做得不好的时候，他善于去模仿好的汽车的生产流程。

第二个例子是百度。大家知道，百度是完全模仿谷歌。有人说既然百度完全模仿谷歌，那又怎么能超越谷歌呢？每一个模仿都是有机会超越的。近几年谷歌退出中国，大家只能用百度，这就使百度大大发展。

光有模仿还是不够的，除了模仿企业还要注意创新流程。为什么需要创新呢？在过去的十几年里我们并不是走在世界的前头，所以很多东西都可以模仿，比如小公司可以模仿中型公司，中型公司可以模仿大型公司，但当一个公司做大了找不到模仿对象的时候，模仿就没用了，这个时候就要去创新。现在为什么提倡互联网创新，因为之前的十几年里我国互联网技术是落后的，所以我们可以模仿其他国家的发展模式，现在中国的互联网已经走到了世界的前端，已经没有可以模仿的对象，只能通过创新来解决发展问题。

说到流程的创新，我们来看一个失败的例子。

美国生鲜电商20年前就开始了，却被Webvan拖入深渊。Webvan是一个著名的生鲜杂货宅配商，当时用了非常专业的流程与计划，最后却失败了。为什么呢？因为他们创新的流程是不切实际的，计划过于完美，在做计划阶段投入太多的资源，而在实际操作过程中却没有多少资源的投入。所以，大家如果做生鲜配送的话，建议大家去选Webvan这个案例，看下它是因为什么失败的，从失败中学习。

说到创新流程适应生鲜配送，向大家介绍两个思维：

第一，火箭式思维。火箭式思维就是把所有东西都设计得非常完美，但是不可操作，不可操作是其失败之处。

第二，精益思维。与火箭式思维对应的就是精益思维。精益思维的精髓是迅速开始，不断试错。当我们遇到生鲜配送难题又没有流程的时候，不要设计太多太复杂的流程，可以先设计一些小流程来测试其可不可行，如果可行就推广到各个部门去，如果不可行就迅速改正。要大胆假设，小心求证。

痛点三：标准不一

生鲜配送很多时候会出现标准不一。例如我要配送一车雪糕到门店，要求的温度是−8℃，而供应商实测的温度刚好是−8℃，但是收货人测出来却是0℃，这时候标准不一就会导致他拒绝收货。

建议：通过大数据，清晰掌握行业标准。

作为生鲜连锁门店负责人，我们应该通过大数据，清晰掌握行业的标准，向收货人员、送货人员等下属传达行业的标准，以达到内外标准的一致。

对于进口冷鲜肉类海鲜来说，干线配送以及末端配送的要求都非常高，所以要注意制定高标准；而对于生鲜水果来说，冷藏与冷链的配送属于中等要求，但对时效性要求非常高；对日常生鲜品来说，冷链要求反而没那么重要，但时效性要求很高。可以看出，无论是海鲜、生鲜水果还是日常用品，对时效性的要求都很高。

总结

通过分享，我们不仅了解了生鲜配送的三个痛点，而且了解了目前互联网思维下的长板理论、模仿与创新的理论，同时也知道供给侧改革国内的冷链标准即将出台。

在这里想与大家分享的一点心得是，无论我们提供多少实际技巧或宏大理论，这些都需要大家通过学习后实际地运用到工作和生活当中，才能最终帮到你。例如精益思维不仅可以用于冷链配送，也可用于你的创业。长板理论可帮你用于人力资源或财务的外包工作。总之谨记：纸上得来终觉浅，绝知此事要躬行。

作者简介：工商管理学硕士，广州城建学院客座教授。

曾任职于世界领先的美容化妆品公司——雅芳、全球第五大食品公司——卡夫亨氏，对于供应链管理、进出口贸易有深入研究。对于如何运用互联网思维与创新思维进行供应链管理、如何运用海关最新跨境贸易政策进行进出口贸易有独到见解。

4 如何巧妙定价，助力酒店[1]生意红火

王鑫

酒店的成功绝对不是偶然的，需要许多秘诀，这里透露一个重要元素——前期的菜品定价。一些刚开业的酒店老板对餐饮细节不是很了解，很多时候不知道怎么定价格，因此定价一般由厨师决定，而老板则负责管大事，但定价细节往往关系到整个酒店的成败。今天讲的菜品定价的技巧就是让大家掌握一些酒店菜品定价的“潜规则”；表面上让顾客感觉酒店老板是在亏本，但是实际上酒店还是有赚。这里有六大秘诀。

秘诀一

菜品定价要根据酒店的装修、周边的客户群去做。这是什么意思呢？近几年餐饮生意很难做，特别是遇上全球性的金融危机

---

①本文所讲的酒店指酒店中的餐饮部。

和中央限制三公消费，各行各业运营都难上加难。最近几年都会以老百姓的一些中档消费为主，因为高档消费在早几年已经不那么红火了，餐饮回归微利时代，老百姓更是理性消费。菜品定价除了要根据酒店的地理位置、装修和周边的商圈而定外，还要充分分析周边的竞争对手，否则很有可能会在以后的日子里面埋下隐患。所以不要急着开业，要先在周边吃上一圈，了解周边的消费和差不多类型的餐厅情况，然后再拟定菜单。如果你周边商圈比较高档，那你可以掺和一点高价菜；如果你周边的酒店只是一般的装修，那高价菜基本上不用开在菜谱里面，因为基本上不会有人点。所以说要根据周边客户群量身定做你的菜单。

案例

我在绍兴某大酒店做副总的时候，因为周边是万达广场商圈，相对来说时尚、小资、年轻人比较多。我就提出在酒店里面根据不同年代顾客的需求，掺和一些他们喜欢的菜式。因此菜谱里面掺和了不光是70后、80后顾客喜欢的菜品，还有90后喜欢的菜品。当然我们的最终目标还是定在承办各类喜宴、寿宴、朋友欢聚宴、商务宴等各种各样的宴席上。

秘诀二

常规菜品定价不能高于周边同类餐厅。这是非常关键的，新店开业之前需要我们不断地到周围一些类似餐厅考察。

案例

一些比较熟悉的菜如糖醋排骨，一般酒店定价会在36～38元。但我在周边10多家酒店考察一圈以后，发现最高的是定在38元，另外还有36元，最低的定在28元。经过分析我就把价格定在15元。15元一盘糖醋排骨，表面看上去是亏了，但其实这个价格还是不亏的，因为我们在进货上面有优势。我们从杭州肉联厂进到同类的排骨，成本是在9元左右，这比其他酒店的进货价便宜。用机器切成小块，挂上面糊炸好，做出来不仅卖相非常好，而且菜的质量、口味也非常棒，更不是一般小酒店所能比的，这样给客人的第一印象就是：你这个酒店里的菜又便宜又好吃！

当然也不是说光这道菜便宜，我还有好多道菜都是很便宜的，再看另一个例子。

案例

浙江绍兴某酒店开始也是用这种营销方法，并且一炮打响了，现在开了好多店。它一开始定价更狠，大门口摆着糖醋排骨的价格：6元，有几个菜甚至是亏的，卖到6元、8元、10元。客人都觉得这些价格真的不敢相信，非常吃惊。毕竟装修这么豪华、这么好的酒店，怎么会是这个价格？当然从酒店门口越往里走，价格就不一样了，里面都是高的价格。但是酒店第一印象落实以后，好的感觉就已经留在顾客心里了。

我认为新开业酒店的一些常规菜，像糖醋排骨、鱼香肉丝、干菜焖肉这些在周边酒店都有，这个价格最好定得比其他酒店价位低，突破顾客心理价，会给客人留下非常好的印象，对一些刚开业的酒店经营是非常有帮助的。因为你前期再怎么上电视、上互联网做广告，还不如口碑好。同时，客人在点评网或其他互联网上留下这家酒店的就餐感觉：又便宜又好吃！朋友传朋友，这就是最好的广告。

秘诀三

开发低成本高利润的菜品，紧抓菜品综合毛利，弥补低毛利的常规菜品。前面第二点我讲到常规菜是微利的，它的毛利可能就在30%～35%，这样的常规菜会影响到酒店整体的毛利。但不要紧，还可以通过开发一些低成本，高利润菜品的方式来弥补。比如我在给几个酒店做兼职的时候就开发了几个菜品，用一些原料的下脚料做成的菜品，可以把成本忽略不计。

案例

许多酒店营业中每天会剩下很多鱼尾巴，鱼尾巴中间的肉已经取掉，只是中间剩下鱼排。这个鱼排一般用来当员工餐，但因为有些员工不愿意吃，只能白白浪费掉，扔掉。这种情况下我就想了一个办法，集中保持原料的新鲜度，把当天多余的鱼排切成块，腌制以后，上酱拍粉，用脆皮鸡粉拍一下，这个鱼排就非常香酥脆嫩，然后在油里炸，接着跟香辣酥花生米再炒一遍。这样，本来是下脚料的物品就可以卖给客人了，28元一份，销量还非常好，甚至有些客人指明要点这道菜。

像这样的例子不胜枚举，很多在我们看来是没有用的下脚料都可以变废为宝。比如我们要扔掉的西兰花梗，就是非常好的原料，我把它改刀腌制，做成菜根香冷菜，口感非常好，也是供不应求。所以，下脚料可以弥补毛利不高的常规菜品。

秘诀四

低成本、低价菜一定要集中摆放在一个区域，这也是关键。

要让客人感觉你这家店的菜很实惠很便宜，你可以把十几元和十元以下的菜都摆放在一个区域，让顾客形成酒店菜品实惠的错觉。在现在全球经济比较差的情况下，生意都是越来越难做，加上有些客人非常挑剔，一定会寻找性价比非常高的酒店来就餐，顾客进酒店首先会看价格，价格亲民会给他留下好印象。

比如某餐厅有照片、样品相结合的低价菜，但因为没有摆放在一个区域，打乱来放，这样就会使客人感觉不到酒店真实存在的实惠。客人会感觉这个酒店给他的印象不深刻，一般般，也不觉得便宜。所以想要抓住客人的心理，就要把所有低成本、低价格的菜放在客人进来时一眼就能看到的地方，这样他会对你这个酒店有好感，感觉亲切、惊讶，感觉这就是自己要找的酒店。

一般酒店的毛利定在50%～55%。正常定价的菜品应该占整体比例的60%左右，常规菜也就是低利润的菜品应该占到酒店菜品的15%左右，还有一些高利润的菜品应该占到整个餐厅菜单里面的25%左右。这是比较理想的分配，这样统筹，整体的毛利是不会低的，客人也感觉很实惠。

对于定价比较低的菜品可以在主料和辅料上面稍微动动脑。比如配料稍微多一点，主料相对少一点，这个成本也不会非常大，量控制恰当就可以了。另外，量不要太多，因为现代人胃口都是比较小的，避免太多造成浪费。

怎样寻找低成本的原料？我在浙江经常去各大冻品批发市场、肉联厂考察，很多原料你真不敢相信原来是这么低的价格！

案例

我们吃的带鱼一般分为两种：一种是东海产的油带鱼，油性非常大的，这个带鱼很贵很好吃；还有一种是进口的带鱼，这个带鱼卖相非常好，非常大，但这个带鱼没有油性，看上去是很大，但是吃起来是干干的，鲜味也没有。我在几个冻品市场转了一下然后跟厂家联系，厂家跟我说前段时间从舟山发来一批带鱼段，这个带鱼段最低的成本是一斤3.6元。因为这个带鱼便宜，我就在菜单上写了带鱼的几种做法。我把带鱼腌制，然后在油里炸，炸好后放在香糟卤里面浸泡一晚上，就做成了香糟带鱼，这就是一道非常受欢迎的菜。这个成本你可能都不相信，一盘小冷菜，带鱼最多也就四两左右，但我在菜单上的定价是28元一份，并且大家还不觉得贵。大家想一想这个成本是多少？其实加上调料，成本才两元多，卖到28元，可见利润是非常可观的。

所以把一些低成本的原料采购过来以后，用不同的做法制成不同的菜，或者做成特价菜，都是非常好的思路。

秘诀五

寻找没有可比性的特色原料，提高餐厅的毛利率。

案例

我现在兼职的几个酒店在团购菜单上写了：玛瑙盅、木莲盅。这个木莲果是鲁迅先生笔下“百草园”里的木莲豆腐。大家可以在网上查，其实就是一种胶质的纯天然食品，类似我们吃的果冻，这个成本就更低了。我专门到绍兴新昌山区里面收购木莲粉，这个木莲粉都是农民自己收集的，我收过来的成本非常非常低，低到你不敢相信。这个菜品存在于大家儿时的记忆中，但是现在基本上都吃不到了。我在美团网上给几个酒店排的团购菜单上都有这几个原料：木莲盅、玛瑙盅，标价是10元/位。这样算下来：一桌10个人，就是100元。每个人的成本大概在0.17～0.18元之间，卖10元一位大家想一想这个利润是多少？毛利达到90%，可以说是超级暴利。

特色菜相对来说毛利可以高一点，因为周边的餐厅都没有用到你这个原料，所以没有可比性，因此这个菜的价格高一点根本没有关系。再来看一个例子。

案例

现在我自己开的酒店用葛根粉做的宽粉。葛根粉做的粉条非常有劲道，不是一般粉条可比，加上非常有营养，所以非常好卖。我把这个葛根宽粉和青大蒜、牛腱子肉炒好后放在沙煲里面，下面铺上炒香的洋葱，然后我的售价是48元。这个干的葛根粉进价大概是10多元，非常低，但因为没有可比性，我卖48元一份也从来没有客人说这个菜贵，甚至很多人还慕名来到店里吃这个菜。

秘诀六

新店开业，折后价有玄机。有些店有特价、折后价，大家感觉非常便宜，非常吸引眼球。

案例

我的家乡绍兴有个酒店就做到了全市所有海鲜最低价，让食客们真正看到实惠。它是这样的，比如：星期一的虾卖6元一份，星期二这个虾就卖7元一份，星期三卖8元一份，这样类推上去。其实这虾光是成本价格在市场上就是60～70元/斤，那这个酒店是亏本了吗？其实他有他的渠道。老板本身是做海鲜生意的，有好几家酒店，每天进货的量非常大，他跟渔民说好他那边便宜点，我这边亏一点，这样的话价格就出来了。其实他这个酒店的价格还是保本的，并不亏，因为进的量大。同样的虾，其他酒店买可能10斤就是10斤的价格，他做海鲜生意，进货直接就是几百斤，那价格肯定非常便宜。

另外，一些新开业的酒店定价也非常巧妙。举个例子，一个菜品38.6元的原价，折后价比如说是28.95元，总体是打七五折，客人就会感觉这个价格很便宜，把这个价格放在门口非常显眼的地方也是一种策略。

只要多在菜品的定价上面动脑筋，多考察周边的同类餐厅，多研究对手，那酒店开业生意肯定是不会差的。哪怕前期人气不是很足，但是经过一段时间的运营，以后生意一定会越来越好的，特别是现在互联网这么发达，口碑传播更快，更有效。

作者简介：国家高级技师，浙江烹饪大师东方美食客座讲师。

从事餐饮行业25年。曾就职绍兴海港大酒店、绍兴园林大酒店、济南九碗伴连锁企业、柯桥鲁越人家大酒店等，在多家酒店任职总厨、出品总监、副总经理等职务。现自己创立鑫家府食尚菜馆，通过三年努力将酒店打造成地方特色酒店，生意火爆。目前在绍兴多家酒店兼职酒店顾问，策划各类菜单，帮助酒店提升利润空间。

5 店铺业绩达标通关术

罗英

2015年中国零售行业特别是服装行业非常不景气，很多公司出现库存挤压、销售业绩萎靡不振，直线下滑的现象。我认为虽然电商、微商对我们的冲击非常大，但是对销售业绩影响最直接的还是店铺人员的销售技巧、店铺运营管理水平，如果我们终端零售运营管理及业绩促动能力都可以达到一定的程度，我们就不会害怕这些冲击。店铺要运营好，学好专业知识非常关键，这些专业知识包括三个方面：店铺的目标分解、销售业绩的组成公式和提升四大指标的手段和方法。

结合这些理论知识，我给大家分析一个业绩增长的实际案例，这些内容都是可以现学现用并且产生效果的。

一、店铺的目标分解

目标分解在店铺管理里面是非常关键的，因为目标的高与低会直接影响着店铺同事的心态。如果店铺业绩指标太高，店员够不着，这样他们会没有动力去达标，放任指标达不成；如果店铺业绩指标太低，太容易达成，又不能激发他们去尽全力产生更大的价值，也很容易使他们失去斗志。

所以对于店铺业绩提升，店铺业绩指标的制定是非常关键的。往往公司都会给店铺制定月指标，那怎么分解到月、周、日时段呢？一般会有六种方法，根据时间与其需要达成的不同目的，运用的方式也不一样。

第一种是万法之法——份数分解法；

第二种是阶段超标分解法，这用于平常做目标的分解和冲刺；

第三种是阶段激励法。例如服装行业每年的4月、7月、8月、11月都是淡季，这个时间段冲业绩可以利用阶段激励法来实行；

第四种是模块分割法，比较适合于春节和5月、10月这样的黄金周，是需要大力地去推动业绩达成的时间段，我们就会用模块切割法；

第五种是增额分解法，一般用于旺季。例如1月、12月都是做业绩最重要的时间段；

第六种是提前完成分解法，例如3月、6月等比较淡的平常时间都可以用提前完成分解法来促进员工去达标。

业绩目标分解的方式非常多，我主要跟大家讲解的是份数分解法，这也是在店铺使用中非常普遍的方法。无论是服装的店铺、其他零售连锁店铺、手机店铺或者是餐饮店铺等，都可以用这些分解方式去追踪和达标。份数分解法说起来也不难，最主要

日期	平均份数（份）	天数（天）	总份数（份）	平均每日指标（元/天）	总业绩指标（元）
周一至周四	1	19	19	8400	159600
周五	1.2	4	4.8	10054	40216
周六	1.6	4	6.4	13400	53600
周日	1.4	4	5.6	11730	46920
合计		31	35.8		300336

是把每月分为三个阶段：第一个阶段是平常日，就是我们所说的周一到周四这个时间段；第二个阶段是周五小旺的时间段；第三个阶段是周六、周日最旺的时间，这个时间段大部分的商业圈都非常旺，所以作为一个时间段来规划是最旺的时间段。这就是将一周分为这三个时间段去规划目标的分解。

如上表所示，某个店铺2016年3月的指标是30万元，如果指标不分到月、周、日的话，业绩的完成会受到很大的影响，所以我们要把这30万元进行分解。我们分配的比例往往是根据以往的一些数据，例如把以往2015年、2014年的季度销售占比和月度销售占比算出来，然后用配比法去分解。

针对这个30万元的指标，首先我把周一到周四分成一天一份的销售指标；因为周五是销售的一个小高峰，所以我分为1.2份一天；周六是最高的业绩，所以我分为1.6份一天，周日分为1.4份一天。那么2016年3月有31天，周一到周四这个平常日的话有19天，所以它在整个月里就占了19份；那一共有4个周五，所以1.2份乘以4就会有4.8份；周六在2016年3月一共有4天，所以占6.4份；周日它也是4天占5.6天，合计起来2016年3月整个的目标就是35.8份。这样，如果2016年某个店铺的指标是30万元，无论是服装店铺、餐饮店铺还是烘焙店铺等，我们就不难算出一个月内一份的目标就是8379元（按35.8份计算）。接下来我们只要算出周一到周四每天要做多少，周五与周六、周日的指标是多少，就能够把日目标很清晰地划分出来。从周一到周四我就可以分为8400元一天，周五就可以是10054元一天，周六的指标就可以分为13400元，周日就是11730元。

日指标的划分已经清楚后，在终端服装店铺一般还会把日指标再划分为时段指标，往往分解指标的方式就是从年目标分解到月目标，再到周目标、日目标。月目标要划分为日目标、个人目标和时段目标，指标划分得越小，我们在冲刺和达标的时候就越容易追踪。如果一个大目标30万元到了最后几天再冲刺已经是于事无补了。目标的分解模式其实在餐饮店铺、超市、手机店铺、咖啡店等都可以沿用。记住：目标分得越细，时间分得越短，在追踪和激励员工达成指标方面会更容易。

二、销售业绩的组成公式

目标分解之后，大家最想知道的就是：我们每日的业绩指标应该如何达成？在这里我先跟大家分析销售业绩的达成公式：

销售业绩=进店人数×成交率×连带率×平均单价

进店人数=客流量×进店率

决定业绩达成的是进店人数，如果我们所在的商圈、位置客流不旺，进店率不高，就会直接影响进店人数；成交率就是顾客进店以后有几个人成交，成交了多少件，每件多少钱。所以，对于店铺业绩来讲进店人数是关键，然后要保证店铺人员销售技巧，能够达成更多成交；另外，买一件只有20元的和每件都能达200元的差别是很大的。这些都是影响店铺业绩的重要因素。

总的来说，影响销售业绩有四大因素：进店人数、成交人数、销售件数、销售价格。用什么样的方式吸引人进店最有效？其实门店的门头、所在的商圈、陈列的方式、橱窗这些对于店铺的人流起到决定性作用。首先，成交率的高低是关键，店铺人员会不会跟客户沟通、店销的陈列做得好不好、有没有促销活动都会直接影响成交率。其次，在服装行业要看店铺同事的服装搭配能力强不强，促销活动是不是有效，这些也是关键。再次，要看陈列，陈列要有成套搭配，不能东一榔头西一棒子，摆得非常凌乱，陈列的时候把什么价位的商品放在最显眼位置直接影响店铺的平均单价。

三、提升四大指标的方法

在店铺里面我们一定要通过数据分析找到自己的薄弱项，缺哪补哪，这样我们的业绩冲破指标就是很容易的事情。如果店铺进店率低、成交率低、连带率低、平均单价低，该用什么样的手段去提升这些业绩的指标呢？

进店率

对于提升进店率，大家可以参考以下表格：

销售目标	时段业绩目标 时段目标客群进店人数目标

（续表）

工作重点	（1）店铺客流少的客观原因分析 （2）设计截流形式和时段促销形式（什么形式截流/是否需要些店铺可操作的活动吸引，如限时主推款抢购，试衣有礼，赠饮等）
销售策略	（1）设计截流多种形式与截流话术 （2）设计时段店铺可操作的小型活动 （3）设计团购上门策略 （4）确定淡场销售服务升级演练内容与形式 （5）延长顾客在店时间策略
销售训练	（1）截流形式、动作与话术训练 （2）淡场销售服务升级内容 （3）延长顾客在店时间的服务步骤、动作与话术
销售激励	（1）请客入店创新手法比赛 （2）截流成功奖励
销售追踪	利用"快效113"现场推进，不断跟进时段业绩目标达标，未达标立限调整销售重点与策略，力求在下一时段进店人数目标达成

我在做服装店铺咨询的时候发现有很多店铺的人流都是不旺的，当店铺没有客人时我不会等客户上门，而会去帮客户操作一些项目来吸引人流量。

方法一　抓周六日的时间，根据品牌的不同给他们做多种引流方式，比如通过做一些空间操、送小礼品、请顾客试衣等活动来吸引顾客进店。

方法二　VIP客户做得好的门店可以直接给VIP打电话告知促销活动，请他们上门，这是最直接提升顾客进店的方法。

方法三　对企事业单位进行上门推销，或走到顾客的家里推销。

这些都是当没有顾客的时候想的方法，当然在这之前要做一些销售技巧的演练，包括顾客进来后跟顾客聊天和给顾客递水等，通过这些方法可以提高顾客留在店铺的时间。

成交率

对于提升成交率，大家可以参考以下表格：

销售目标	时段业绩目标 时段成交量目标
工作重点	（1）分析店铺时段成交量低的原因 （2）与顾客打开话题的办法 （3）设计“销售大单”功能小组、“天天向上”销售游戏 （4）旺场成交量策略
销售策略	（1）设计顾客进店，与顾客打开话题话术 （2）促销活动服务要求/产品知识与产品介绍训练 （3）设计成交量竞赛游戏 （4）设计畅销款引客策略
销售训练	（1）顾客进店，与顾客打开话题训练 （2）顾客类型分析与接待技巧 （3）如有促销活动服务要求 （4）产品知识与产品推介训练
销售激励	成交量销售游戏（如“天天向上”“大单奖励”）
销售追踪	分析时段成交量数据,分析未达成原因。利用“快效113”现场推动，不断跟进时段业绩与成交量达标，未达标立即调整销售重点与策略，力求在下一时段成交量目标达成

提高成交率很有效的方法是，店长把店铺每天的业绩指标分到具体时段，关注每个时段的业绩指标，如果某个时段业绩不达标，要及时采取相应的手段和方法去解决。

9点到12点占比全天业绩的15%，我们以1万元来算的话就必须完成1500元的指标。这个时间段的引流方式以截流为主，如果店铺人员不愿意出去截流，这时候要用一些技巧，除了训练店员的截流方法外，还可以进行两组PK，看哪一组可以用一些新的花样请到顾客进店，对截流成功的小组进行奖励。如果9点到12点这个时间段人流不错，但店铺人员的素质、陈列不到位，使顾客进来就走，这是最大的损失。这时就要去训练员工的销售技巧，让顾客最大化地在最佳的销售环境中挑选自己喜欢的商品。客源不多的情况下，我们就必须达成成交率。

案例

某服装店铺是这样做的，比如某天的指标是1万元，那么13点到15点占店铺业绩的30%也就是3000元，这个时候就需要考虑有多少个客户成交，要计算每个客户必须买多少件衣服才能达到销售额，然后给店铺人员下指标。现在店铺有5人，对于3000元的目标是每人在这个时段要做600元的指标，那就意味着每人都必须要卖掉单价300元的产品两件，在这个时候就必须有5位顾客买单。那怎样才能达成呢？首先要设计顾客进店打开话题的话术，并且针对促销活动对店员进行产品知识的训练，以及做一些竞赛奖励：比如在这个时间段内谁先达标就即时奖励。另外是畅销，以货量大的商品为主推去吸引顾客。一般我们在店铺里面要想促进成交率都会设计成交激励的游戏。比如我们曾经玩过一个“天天向上”的大单游戏，规则是：谁在今天做了大单，成交了最多人数，就以他为基数，明天谁超过了他就会得到奖励，后天谁超过了，也会有奖励，通过这样的一个销售游戏去带动店铺的同事。在这个过程之中店铺的店长一定要去分析每一单成交的原因，如果没有达成就要立即调整销售的重点策略，力求下个阶段把没达成的指标弥补回来。

连带率

在服装店很关键的一个指标：连带率。对于提升连带率，大家可以参考我给出的表格，做好相对应的内容（仅供参考、借鉴）：

销售目标	时段业绩目标 时段连带率目标
工作重点	（1）分析店铺旺场时段连带率低的原因 （2）店铺商品成套推荐话术 （3）二拍一组合人员安排 （4）客单量激励手段 （5）员工连带销售心理辅导
销售策略	（1）时段业绩连带指标清晰下达 （2）下达试衣间不少于三套试衣硬性指标 （3）二拍一组合现场演练 （4）设定主推款服装搭配训练 （5）整理试衣间连带话术
销售训练	（1）主推款服装搭配 （2）二拍一合作现场演练 （3）试衣间三套以上试衣竞赛 （4）试衣间连带销售演练（试衣推荐、顾客赞美、顾客异议话术等）
销售激励	（1）如设计连带率每日刷新奖 （2）销售件数相应奖励 （3）每日最大连带率奖等

（续表）

销售追踪	关注时段连带率数据,分析未达成原因。利用快效113现场推动，不断跟进时段业绩与连带率达标，未达标立即调整销售重点与策略，力求在下一时段连带率目标达成。

我们在训练店铺人员的时候往往需要训练他们的大单销售能力。大单销售分为两种：第一种是卖高价商品；第二种是连带率非常高。举个连带率高的例子：我曾经辅导的某女装店铺有一位店员在两小时内卖了一单20多件，这一销售业绩达到3000元，有这样连带率非常高的同事何愁我们店铺业绩不达成。

提升店铺的连带率是每一个店铺的店长最关注的问题。例如在烘焙业，卖蛋糕、面包的要关注这样一个问题：顾客买的种类越多价格越高，是不是能促进我们的业绩达标或超标？往往很多店铺对顾客的沟通没有起到介绍作用，零售店铺、服装店铺在连带方面的要求很高。以下简单介绍几种方法。

方法一：组织两三名店员去接待一个顾客，也就是二拍一做大单。

方法二：给店铺人员训练销售搭配技巧和一些促单的话术等去提升连带销售。这个过程对店铺人员的服装搭配能力、销售技巧的要求是很高的。

方法三：克服员工畏惧心理。很多同事对顾客有一种畏惧心理，害怕顾客不会拿那么多钱去买衣服。在此期间，我们往往要先辅导员工过心态关，让他站在顾客的角度去了解顾客，不能以己度人，为顾客的消费能力设限，只有克服这种畏惧才能够把业绩做得很好。

这些方式和方法里面最重要的是一定要结合每个时段的业绩，关注时段业绩和连带率的指标，如果没有达标，一定要立即调整销售重点的策略，保证客单价、连带率的达标，这样对我们店铺业绩的达成冲刺才能够有保障。

平均单价

还有一个指标对于店铺的业绩影响也是非常大的，就是平均单价，简单来说就是每件商品的价格。其实烘焙业也好、超市也好，大家应该要去算这样一个指标，这对我们的业绩是有很大帮助的。往往某个店铺在平均单价偏低的时候，为了能够使平均单价提高，就会在这个时间段以高价商品为主推，让同事们都去卖高价商品，并制定相应的销售游戏，促动销售。

对于提升平均单价，大家可以参考以下表格：

销售目标	时段业绩目标 时段平均单价目标
工作重点	（1）分析店铺旺场客单量低的原因
	（2）找出高单价商品 （3）下达时段高单价商品销售件数指标 （4）高单价商品搭配 （5）高单价商品适合人群与销售话术 （6）高单价商品售卖示范
销售策略	（1）平均单价提升倒推演算,时段高单价销售件数指标下达 （2）店铺可操作的高单价商品的小活动 （如赠品、结合促销活动等） （3）高单价商品口推创新手法、微信推荐、店员穿版动模展示等
销售训练	（1）高单价商品适合消费群特点、产品FABE、销售话术 （2）高单价商品不同场合搭配竞赛

如果晚上7点到10点这个时间段要做4万元的业绩，那必须要卖掉20件衣服，平均单价是200元，也就是说要卖200元以上的衣服业绩才能够达标，所以我们会把高单价商品进行陈列，甚至做一些口推的活动，例如微信推荐、店员试穿等。

我曾经在某个店铺某一个时段做实际带教，比如在晚上人气最旺、外面人流最大的时间段尝试以模特走秀的方式吸引顾客进店购买高单价商品；也试过以高单价商品为主推，下达件数指标。在这个过程中采用一些激励方式，比如有“高单价商品数量奖”“高单价商品的销售奖”“首单奖”等。

时段业绩追踪对于店铺来讲是十分关键的，我们不能说每天、每周的指标没有完成也就算了，一定要把业绩指标划分为每天、每个时段、每个人。作为店长要时时关注每个指标的情况，例如连带、高单价商品、进店率、成交率的指标。没有达成的话一定要马上分析原因，做出策略调整，比如陈列、销售技巧、引流方式等，力求每一个时段的目标达成。业绩公式涉及进店数量、成交率、连带率以及平均单价这四大指标，要时时去追踪他们的达标情况，这样业绩的达成才能没有问题。我曾经在水云间、特步、七匹狼等公司的店铺结合我们的手段和创新手法进行尝试，每次都使店铺的业绩提升飞跃，而且在我们咨询项目结束以后，很多店铺的零售人员还在用我们的方式去提升店铺的业绩。

案例

2013年我在做广州某企业的咨询，给他们店铺的店长以及零售教练做训练，为了他们的知识能够落地我是手把手教。我们设计了一个试点店铺的实地带教，由我们咨询顾问、主讲老师直接到店铺帮管理人员去冲刺业绩。当时我们选了番禺繁华路的两家女装店进行PK，要完成这个女装店的某周六业绩指标：两万元。店铺一共有7个销售人员，我们把这个店铺业绩的指标进行分解，把日指标分到了每个时段、每个人：根据每个时间段的特点、策略，把每个时段每个人做多少进行分解。详情请参考下表：

时　段	业绩占比	业　绩	分解到人	平均单价	件数目标
9：30—12：30	15%	3000元	店长：480元 店员：860元（3人）	400	店长（1件，500元左右） 店员（1套，900元左右）
12：30—15：30	25%	5000元	店长：720元 店员：1450元（3人）	400	店长（1套800元左右） 店员（1件+1套）
15：30—19：30	30%	6000元	店长：750元 店员：1420元（4人）	400	店长（1套800元左右） 店员（1件+1套）
19：30—22：30	30%	6000元	店员：2000元（3人）	400	店长（1套800元左右） 店员（1件+1套）

把周六的业绩指标分为四个时间段，第一个时间段是9:00到12:30，第二个时间段是12:30到15:30，第三个时间段是15:30到19:30，第四个时间段是19:30到22:30。接着我们把每个时间段的销售占比也划分出来，而且把每个人的业绩指标都做详细地划分，划分以后也对每个时间段做了销售策略。

时段会议中店长主要的作用：引导、检讨、补救措施。时段：

9:30—12:30；业绩：3000元；主要措施： 客单量从1.2套提升至1.5套；平均单价：400元，（400×1.5=600元，3000−480=2520元，2520÷700≈4套）。除店长需卖1件价值480元左右的商品，其他3位必须卖掉4套700元的商品。完成所有的分析后店长会分别找营运商品组（店长）、陈列组、销售服务组讨论时段业绩的工作准备。详情请参考下表：

时　段	分解到人	件数目标	“四率”提升目标	销售策略
9：30—12：30	店长：480元 店员：860（3人）	店长（1件，500元左右） 店员（1套，900元左右）	客单价1.2提升至1.5	（1）9：00—10：00训练新品知识与试衣间连带话术 （2）两人二拍一做单 （3）设置开首单奖
12：30—15：30	店长：720元 店员：1450元（3人）	店长（1套800元左右） 店员（1件+1套）	进店量40人	（1）13：30—15：30截流组门口截流设置达标减惩 （2）采用杯水服务截流 （3）销售服务组主推畅销款提升成交量
15：30—17：30	店长：750元 店员：1420元（3人）	店长（1套800元左右） 店员（1件+1套）	成交量4单提升至9单	（1）15：00下午班成交话术训练 （2）确定晚班主推款 （3）试衣有礼活动 （4）成交破纪录竞赛
19：30—22：30	店员：2000元（3人）	店长（1套800元左右） 店员（1件+1套）	成交量6单提升至10单	（1）确定晚班主推款 （2）试衣有礼活动 （3）成交破纪录竞赛

当时旁边的友谊商场在做活动，所以早上的人流偏少，这个时间段我们把重点放在截流以及“二拍一”做高单价商品上面；

中午后客流量慢慢大了，我们以截流的PK、杯水服务提高成交率为重点去抓业绩；第三个时间段是关键时段，当时我们就搞了一个“试衣有礼”的活动。这个时间段人流不成问题，关键要抓成交，抓高单，这个时候店员们的积极性一定要带动起来，心态不好或者员工的能力欠缺，我们就得不偿失，因为每天好的时间段是有限的，如果不在这个有限的时间做出最高的业绩，那我们的业绩是很难完成了。晚上19:30到22:30这个时间段，是最后冲刺的时间，所以就一定要在这时段加大业绩追踪，我们当时是设计了一个最后成交奖，大家都想拿这个奖，让他们来追踪、追逐成交量，提升成交数。而且我们会用一个看板，记录他们每一个时间段的成交量，时时营造这种PK的氛围。

通过前期分析后，我们这个店铺在实施过程中早上业绩的完成量非常高，主推产品也卖得非常好，这得益于我们在早会时已经做好主推款的销售训练。到了中午，主推款已经不够且人流量又非常大时，我们马上就开始转变策略，店铺顾问马上就去找替代款，把主推产品进行重新包装，重新选定，然后给店员们打气，加大截流人数，还在店铺外面搞模特走秀活动。

第三个时间段有一些店员疲惫了，特别是一些截流的店员，这个时候我马上跟他们开会。因为我们当时是跟另一家店铺在做PK，我就用对方的一些PK数字激励他们，他们马上士气重振。晚上时间段因为稍稍落后其他店，所以店铺人员包括现场的零售人员、管理人员、小组人员士气都非常足，为了能够超越另一家店，他们坚持到12点钟都还在做业绩，当天2万元的业绩超标完成，变成了3万多。

我所讲的知识，必须要通过实际的指导去训练店员，只有他们的技能不断变得娴熟，业绩才会提升，店铺业绩目标才会达成或超越。

作者简介：专业零售讲师、资深企业大学咨询顾问。

历任长隆集团、Converse、安踏、快时尚品牌UR等知名企业培训总监，有着十多年的企业培训与零售运营管理经验。具有12年零售行业企业大学及培训体系搭建的培训管理经验，结合人力资源体系建设与零售运营流程与标准，打造提升零售运营水平及造血机制的培训体系。

推崇“店铺运营技能传授与店铺练兵实战完美结合”的训练模式，围绕“零售业绩提升”，打造零售职能教练，通过试点推广与复制，加速零售业绩上涨。主讲零售运营类、职能教练类、心态类、管理技能以及TTT（Training the Trainer to Train，意为职业培训师课程）培训课程；成功推动零售终端“实操带教”“店铺演习”等现场训练模式，创下服饰行业终端培训之先河。

6 顶尖品牌陈列发展史及发展趋势

陈煜伟

今天要和大家分享的是陈列的发展史及它的发展趋势。

我们都知道，陈列是市场营销中的一部分，很多人都知道陈列这个行业，但却未必了解和理解它在零售企业管理中的意义。所以在开始系统化地学习这个学科之前，我们有必要先从陈列的起源和发展历程来认识这个学科。

视觉陈列发展历史

讲到陈列，相信很多人头脑里首先浮现的词语应该是：陈设和排列。其实这个只是对陈列的一个比较模糊的认识，如果要这么理解的话，我觉得我们至少还应该在它们前面加入两个关键词：有组织，有目的。也就是说，服装行业中的陈列如果简单地说，它就是一次有组织，有目的的排货方式。为什么说它是有组织，有目的？我们接下来就来了解一下陈列的起源。

纵观陈列的发展，主要有三个阶段。

第一阶段　服装销售形式的改变是促成视觉陈列诞生的原因之一

我们都知道，在19世纪之前，人们所穿着的衣服基本上都是找裁缝定制的。那个时候的服装都是采用量身定做的方式，并没有像我们现在这样，将服装的尺码进行分类，再大规模生产。这种一对一的销售模式，决定了服装陈列缺少了诞生的基本条件，这个基本条件就是空间。因为服装的制作都是在裁缝的工作间完成，所以在此之前，商业的服装视觉陈列没有真正地产生。

一直到19世纪的中后期，随着人们对服装的需求不断加大，才慢慢地有裁缝把店铺开到沿街街道上。为什么呢？因为定制的供不应求，他们就只能将一些事先做好的衣服挂到店里面，让人们来自由地试穿和选购。这个时期，也有一些裁缝为了体现自己技术的独特性，开始在自己制作的服装上缝制一些特有的标志，这些标志也就是最原始的品牌标志。这些最原始的品牌标志，开始大规模地出现，为后来品牌的诞生打下了良好的基础。特别是在1840年以后，当时的欧洲出现了大型的玻璃制造技术，这项技术的出现和发展，使得当时的沿街橱窗展示迅速地普及到了大街小巷。

图1　衣服都是找裁缝定制

第二阶段　纺织工业的繁荣与商业的迅速发展使视觉陈列正式出现

通过图2、图3可以看到，在这个时期，由于中产阶级的兴起，商业迅速地发展起来，特别是随着当时纺织工业的发展，新的纺织设备与新的纺织产品不断出现。有了这些新技术的支持，时装也就不再以原先的一对一的形式进行制作和销售，而是可以大批量地生产、流通，并且成规格地销售。19世纪的后期到20世纪初期，纺织工业已经比较成熟，大规模的纺织生产也为我们服装的规模化生产和销售提供了一个基础。

图2　1900年的英国纺织厂

图3　20世纪初专门做帽子的工厂

商业的发展同时也能带动很多行业。比如图4，是1900年英国的一家杂货店。这家杂货店反映出，这个时期人们对店铺的陈列已经有了一个基本想法。它在产品的分类和排列上面都下了很大的功夫，再配上一些宣传的海报，还有价格营销的海报。可以说，这种对商品的分类陈列方法即使用到我们今天的便利店也是不过时的。也可以说，这一类开始注重产品分类和宣传的杂货店就是最早的百货超市的雏形。我们可以看图4和图5对比来感受一下。

图4 1900年英国的一家杂货店

图5 2012年某地区全家便利店

一个是2012年，一个是1900年，这中间相差了100多年。对比中，我们不难发现，100年前的杂货店的陈列手法放到今天，仍然有很多值得我们借鉴的地方。比如在门面上去做宣传海报，能够很清晰地向消费者传达店铺所售卖的产品信息。

第三阶段　零售业的发展，使得视觉陈列得到进一步发展

服装形式的改变和纺织工业的繁荣发展，零售业首先受到了巨大影响，视觉陈列也因此快速发展。19世纪后期20世纪初期，当时经济的高速发展就带动了大型百货的兴起，同时也出现了早期的橱窗设计。

1852年，阿里斯蒂德·布西科在法国创建了一家售卖各种货品的商店，他希望这种商店可以吸引大批的人群在店里面闲逛，并且在众多商品中找到一款适合自己的产品。这就是全世界第一家百货商店：乐蓬马歇百货公司。它可以说是现代零售业发展的一个标志。我们看到的图6是2013年的乐蓬马歇百货的照片，它基本还是保留了以前的框架，并且更加时尚，所以直到今天还是有很多法国人会选择到这里购物。

图6　2013年乐蓬马歇百货

图7　1909年赛尔佛里奇百货

图7是1909年美国人赛尔佛里奇在英国伦敦牛津街创办的一家以他本名命名的赛尔佛里奇百货，它同样也成了当时英国零售业的典范。它最大的特点是对巨型的平板玻璃的采用，这也成了现代大型橱窗设计发展的一个重要标志。而且到了晚上，哪怕在商店关门之后他们还留着橱窗上的射灯，目的是让顾客在街上或者在回家的路上也能够好好地欣赏这些精致的橱窗设计。所以，视觉陈列在这个时期也得到了进一步的发展。

现如今，赛尔佛里奇百货已经开到世界各地，比如我们看到图8的非常带有科技感的现代化建筑，它是位于英国伯明翰的赛尔佛里奇百货，建筑本身就是一件艺术品，可见他们在视觉营销方面所投入的心血。

图8　赛尔佛里奇百货

前文我们一直在看外国的一些视觉陈列发展的照片和历史，接下来我们就来看下视觉陈

图9 1918年上海永安百货

图10 1918年上海永安百货店内

列在当时中国是怎么样的一个发展轨迹。

我们都知道，上海一直是整个中国的零售业百货的发源地。当时上海出现了先施百货、永安百货、新新百货和大新百货，就是当时所称的“四大百货”，在上海乃至全国都非常有名气。

我们现在看到的就是当时永安百货的照片。同样是很欧式很壮观的建筑，这在当时的上海来说肯定是引领时尚的百货公司。我们先来看一下当时店内的情况。

正所谓店外的橱窗争奇斗艳，但是当我们看回店内也不难发现，由于受当时发展陈列技法的限制，所以在店内的产品展示比较难有大的突破，唯一可喜的地方是，我们能发现这个时期人们对客流动线的概念还是比较清晰的。

图11 1938年上海永安百货橱窗展示

图11是1938年永安百货的橱窗，从这张图我们可以看到，不管是

从橱窗整体的构造，还是产品的展示技法，在当时来说都是非常精致的。就算放到今天，这样的橱窗设计也非常有吸引力。由上发现，中国的视觉陈列最先也是伴随着中国百货业的发展而发展起来的。接下来我们再来看一组20世纪初的橱窗都是什么样的效果。

图12、图13、图14，都是20世纪初在百货业的橱窗设计中比较有代表性的，我们不难看出，这个阶段的橱窗设计已经具备一定的技术和创意，非常注重对氛围的营造和细节的展示。但是随着新科技和技术的不断发展，零售运营商也发现，单纯依靠橱窗这种单一的展示方式，已经没办法满足顾客对于商品了解的需求。

所以从这个阶段开始，视觉陈列就开始从店外转战到店内，现代VMD的概念也就自然孕育而生。可以说，视觉陈列的起源比视觉营销要早很多，视觉陈列从诞生到现在也是不断演化的过程。一直到了20世纪80年代，随着营销理念的改变，在美国,有的企业就逐渐地将视觉与营销相结合，形成了一种新的营销体系，他们称之为视觉营销。而视觉陈列也成为视觉营销的一种策略方法和手段。

接下来我们就来了解一下VMD的由来。VMD的概念产生于20世纪70年代至80年代的美国，它是作为零售销售战略的重要一环登上历史舞台的。学营销的人都知道，在营销领域里，很多专业的名词最早都起源于美国。那么为什么会产生VMD这个概念呢？我们首先要了解另一个营销中的名词：MD。

MD是英文Merchandise Design的缩写，中文意思是货品企划，简单来说，就是企业的产品设计部门。我们都知道，衡量货

图12　这个时期的人体模特已经有了很多姿态和表情，设计师开始把生活化的场景引入橱窗设计当中

图13　设计师为营造气氛加入很多道具，包括盆景的运用，还有通过雪地气氛和模特造型来营造一种很唯美的效果

图14　设计师通过对布帘的运用来凸显服装面料及造型的流畅感觉

品企划成功与否的一个标准是看我们的顾客是否接受，顾客接受并购买了我们的产品才能形成一个成功的市场营销。在VMD概念还没被真正引入营销活动之前，我们都是只重视货品的企划，单纯地把卖场当作一个存货的地方来销售产品。但是，经过一段时间发展之后，我们慢慢发现，商品与顾客的接触方式和展示的技法将决定我们的货品企划是否成功。换句话说，我们只有将货品企划用符合顾客需求的一种视觉表现力表达出来，让它在店铺当中与顾客做交流，以促使他们最终购买，才能够形成一个成功的市场营销活动，所以就产生了VMD。换个角度来说，我们在市场营销中从起初简单的“展示和销售”慢慢转变为开始去研究“如何展示和如何销售”的过程，这就是VMD产生的过程。

我们也可以从市场营销学上的数据研究角度来理解VMD。美国市场营销学（AMA）研究表明：人们关注商品的时间通常在于前3秒，而在这3秒内决定要购买的商品，70%是因为产品的视觉表现力。也就是说，如果我们产品的视觉表现力能够在这3秒内引起我们目标顾客群的注意，那么我们已经有70%的把握能够将产品销售出去。

在理解了前面这些内容之后，我们看一下VMD的真正定义。VMD是指商品企划的视觉表现力（视觉策划方案）。它是企业的商品在计划、流通、销售等商品战略中的一种视觉的表现系统，是指在舒适的购物环境中，准确和有魅力地提供商品及其信息的一种展示和销售的手法，它对于卖场的运营和商品的组织起着重要的作用，所以它也是一种企业的经营管理活动。

想象一下，在一个企业里面，我们是不是首先需要采购部，面料采购完之后就要经过设计，设计完了就要进行加工生产，加工生产完要进行物流配送，然后就需要营销部、人力资源部、财务部等部门进行整体管理。有这么多的部门对品牌进行管理，但是，当品牌出来后，消费者只能通过我们的店铺终端的窗口去认识我们。因为没有一个消费者进了我们门店之后会问，我们产品是怎样生产的，或者问企业的老板是谁。所以，店铺的视觉表现系统就代表整个企业团队最终的成果。也就是说，品牌最终的收益就在于店铺。通过视觉表现系统令产品有一个很强的视觉表现力来最终达成交易。这就说明VMD在品牌营销中，起到了非常重要的作用。

但是现在的中小连锁企业，很多品牌忽视了VMD这一块。当产品到了店铺之后，我们应该给它怎样的视觉表现力，我们应该给它什么样的表现技法？如果从顾客的角度来看，顾客需要产品是怎样的视觉表现力？这些问题就是企业需要着重去研究的。因为只有了解了顾客需要怎样的视觉表现，才能真正地抓住目标顾客群体。

视觉陈列的风格流派

前面提到，视觉营销起源于欧美，而日本是后来赶上的。所以目前，视觉营销是形成了美国、欧洲、日本这三大风格。在欧式风格里面，又分为法意式风格、英式风格和瑞士风格三种。中国的视觉营销从目前来看，香港和台湾地区的发展比较成熟，内地还是处在一个探索发展阶段。我们简单了解下这几大风格流派的特点。

图15　大氛围，远看色近看款

图16　生活场景或故事情节展现

美式风格

美式风格又称为氛围型。顾名思义，它非常注重对店铺橱窗氛围的营造。它最大的特点是，一个剧场式的装饰风格占了整个店铺风格很大的比重。美式风格的关键词是隆重、豪华、气派、华丽和情节感。美式风格是怎么通过陈列来表现的呢？

图15是售卖珠宝的，第一眼看到的是它的氛围，然后当我们细细去看的时候，才会看到它的产品。这也是美式风格的一大特点。可总结为“远看色，近看款”。它主要是通过整体氛围先吸引到顾客，然后再去关注它的产品。

美式风格的一种表现方式是剧场式展示。如图16，是在营造一个都市化的氛围，所以这种风格的模特特点会模拟真人的形态，在橱窗里能够明显地表现出我们生活当中的某一个场景，或是某一个故事情节。美式风格的另外一种表现方式就是，它会用一些拟人化、抽象化的模特去配合它的橱窗氛围做展示，如图17。

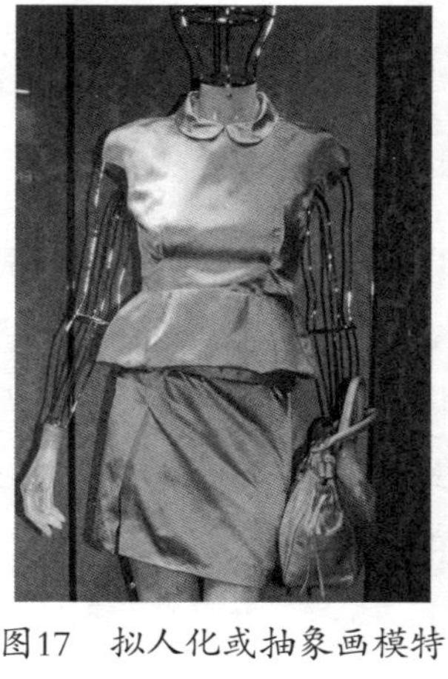

图17　拟人化或抽象画模特

法意式风格

我们再来看法意式风格。这种风格我们又称为品质型、简洁型。它的特点就是严肃、不夸张，跟美式风格不一样，它是以商品自身的材质和工艺来吸引消费者。整体设计手法是比较规范的，但是，它是需要用一些昂贵的装饰材料，例如灯光、道具等，通过比较精美的制作来展示。这种风格比较适合历史悠久的服装品牌，或者是一些奢侈品牌。它的关键词是上品、经典、高贵、简洁还有引领时尚。表现方式有两种：一种是空间装修、材质、灯光和道具；另一种是精美的制作工艺来展示时装的美感。

通过图18我们也能看到，它是用比较大型的装饰来突现它的品牌。其实它还是着重地突现产品本身。所有的装饰、材质、灯光、道具等都是为产品服务，最终的目的是去展示产品。它与美式风格的差异在于，美式风格是先通过氛围去把顾客吸引过来，再去看产品。而法意式风格是直接去突现它的产品。

图18 法意式风格

英式风格

相信很多人对英式风格比较熟悉，听到英式风格我们首先想到的就是绅士。这和风格又称为传统型，它就是为了宣扬大英帝国的霸道之气。它的特点是，很多时候都会用到无头模特，目的是为了留给人们比较大的想象空间。

图19　生活化道具（伞的运用）

英式风格是比较适合成熟女装、商务男装类的品牌。它的关键词是庄重、严谨、内敛、正统、古典还有绅士感。最大的表现特点是，它会用到很多生活化的道具，比如实木家具、画框，还有通常会摆在家里的阔叶型植物，包括英国比较时兴的打马球用的马球杆、高尔夫球杆这些工具。另一个比较大的特点就是它经常会用到伞。我们知道英国绅士很多时候都会带伞出门，所以在橱窗设计中，很多时候会用到伞这个道具，也是为了凸显绅士感。

瑞士风格

接下来看瑞士风格，我们又称为技巧型。我们提到欧式三种风格当中，最有代表性的就是瑞士风格。这种风格非常注重对色彩的搭配、细节的展示以及结构的体现，特别重要的是，它会用到“悬垂”这种技巧。将模特或相关产品做悬吊的处理，缺点就是可复制性弱。瑞士风格适用于一些形象店、旗舰店，对于连锁企业来说，可能不太适合进行这种风格的大范围推广。关键词是：干净、精致、细腻、漂亮、赏心悦目、精益求精。我们从上面这张图看到，它的表现方式中经常用到悬垂技巧，在橱窗当中会很注重凸显每一个细节，这是非常花时间的。但通过这种方式的表现，能够很突出产品的细节。

图20 悬垂技巧

日式风格

最后来了解近年比较兴起的一个风格——日式风格。日本在

图21 装饰映衬法，注重细节

视觉营销这个行业近几年发展还是特别快的。这种风格又称为全面型。为什么这么说呢？因为它吸收了瑞士风格一些比较细腻的表现手法，还有美式风格中比较善于营造气氛的特点。所以它既有气氛的营造，也有技巧的表现。属于一个技术比较全面，而且凸显精致完美的风格。日式风格最突出的一个表现形式是经常会用到“装饰映衬法”。读起来比较拗口。简单理解就是，它会用到很多装饰作为衬托，然后搭配瑞士风格细腻的手法来展示他的产品。通过两样的结合，更加去强化服装产品的艺术主题。同时通过这种比较细腻的表现手法，给顾客留下深刻的印象。

品牌陈列风格定位

前面我们已经了解了目前视觉营销中各大风格流派的特点和它们的表现手法。现在回归到企业本身，来谈一下应该如何来给我们的品牌陈列风格进行定位。前面也说过，品牌终端的视觉表现力将决定我们能否引起目标顾客群的关注并产生收益。所以，当我们为品牌进行商品企划的同时，就应该提前规划好我们应该在终端中用一种什么样的视觉表现系统来完美地传达产品信息。很多企业只是简单地认为：只要我的产品好，我的店铺形象好，我的陈列整齐就可以。但是他们忽略了一点：如果产品的风格与终端表现出来的整体视觉感受不匹配，那就很难真正引起目标顾客群的关注度。事实上，我们应该细致地去分析产品特点，了解我们的目标顾客是一群多大年龄的人，他们有什么喜好，他们追求的是什么样的生活品质。还有，我们想要对他们传达一种什么样的产品信息、品牌文化或者品牌理念，希望他们在跟我们店铺接触时会产生一种什么样的感受，这些都是在进行品牌陈列风格定位的时候需要系统分析和认真研究的。

服装设计风格	品牌陈列风格
欧美风、嘻哈风、朋克风、运动风	美式风格
简约风、极简风、巴洛克风	法意式风格
英伦风、商务风、OL风	英式风格
百搭风、民族风	瑞士风格
韩式风、日系风、淑女风、洛丽塔风	日式风格

我用一个表格来做一个简单的分类，根据目前市场上主流的产品风格我们会推荐用什么样的陈列风格。比如欧美风、嘻哈风、朋克风和运动风，这些风格都会需要借助氛围来配合产品的展示，推荐用美式风格，特别是运动风，产品的针对性很强，所以很多时候借助氛围就能最直接地传达出产品的信息。比如，篮球、足球、还是跑步，搭配气氛就能一目了然。而像简约风、极简风、巴洛克风，它们都比较注重产品本身的材质用料和品质，特别是巴洛克风会在服装上运用一些珠宝和配饰，所以法意式风格是个不错的选择，也适合一些传达高性价比的品牌。像英伦风、商务风、女性OL风格的品牌，我们还是需要更多地传达出传统、正式、绅士的感觉，所以可以选择英式风格。而百搭风、民族风等，由于他们更注重的是单品，所以适合用瑞士风格的技巧展示来表现产品的特点。而韩式风、日系风、淑女风、洛丽塔风等比较活泼、俏皮的品牌，选择日系风格既能符合对产品氛围的营造，也能利用技巧来展示产品品类的多样化。当然，这个并不是绝对的。实际操作中也有将不同风格进行重组使用的，关键还是在于我们要根据品牌自身的货品企划和品牌文化理念最终来

确定真正符合自己品牌的陈列风格。

视觉营销的发展趋势

我们都知道，现如今整个零售环境竞争是非常激烈的，所以如何去提升品牌的视觉营销（VMD），已经不能仅仅用橱窗里放多几个模特这种方法了。事实上，随着这些年科技的高速发展，很多新技术新材料得到了广泛的应用，而对于视觉陈列这种与生活、时尚息息相关的行业，我们也需要随时地了解行业的最新发展动态，把一些新的技术应用到店铺终端。这不仅能提升自身的品牌形象，同时也能让消费者保持对品牌一个比较持久的新鲜度和关注度。因为只有提升品牌形象，才能抓住顾客，保证品牌比较稳定的收益。

这里罗列出我个人觉得最新的符合发展趋势的六种技术，这六种技术可能是今后在品牌的视觉营销当中要去注意运用的。

一是工艺。近几年来，随着经济、文化和科技的高速发展，消费者在购物中已经从原来的功能型需求慢慢向感受型需求转变，也就是说顾客在购物的时候不单注重产品功能，更重视每一次购物给他们带来的体验。所以现在有很多品牌已经开始把产品的制作工艺以视觉的形态引入到店铺终端，来满足消费者购物时对产品制作工艺的体验。

二是立体造型。相信这些年我们都经常听到3D打印这个概念。它是借助数字模型并运用不同的材料来呈现特定的3D造型的一种技术。比如，我们熟知的运动品牌耐克，他们就把他们的产品面料通过3D打印技术来呈现，效果当然是非常吸引眼球的，同时也能让消费者清晰地看到品牌最新研发的材料，印象深刻。

三是极简理念。“少即是多”的理念现在也是我们的消费者非常追崇的一种生活理念，所以现在一些服装品牌也慢慢把这种概念用到他们的品牌终端中。很多企业用简约的线框结构来做终端的视觉表现，不但强化了空间感，也能让顾客更清晰地看到所有的产品。而由于框架式的可操作性强，因此能帮助陈列师进行各种不同的陈列技法展示。

四是DIY概念的引入。随着生活水平提高，消费者对购物的要求不断提升。不论是吃的用的，他们更注重个性化。消费者不希望用的东西跟别人一样。所以这几年随着这种消费模式的改变，很多品牌在终端当中会应用许多DIY的概念，为的就是让消费者能有更多的选择，同时这也是提升品牌形象很好的手段。

五是互动体验。很多企业现在很重视在终端中与顾客的互动体验，所以他们会引入一些设备到店铺中，希望顾客在购物时能更直观地去感受他们产品的特性。给他们带来更加丰富的体验。

六是近些年在欧洲开始时兴起来的另一种虚拟试衣技术。它其实是利用体感技术和三维图像技术，将试衣这种普通的人体活动变成一种更具趣味性的体验。消费者站在屏幕前就能轻松地看到各种款式的试穿效果，这在一定程度上也提升了顾客试衣的效率。特别是互联网时代的发展，很多企业希望线下的实体店能与线上保持最快的同步。比如很多新出的产品还没到店就能利用这种方式让顾客提前体验，也可以获得不少的预订单。

三个锦囊

锦囊一 希望大家重视视觉陈列在品牌营销中的作用。希望企业能专门设立一个视觉营销部门，并且重视这个部门，同时能够保持视觉营销部门跟产品企划部、营运部的密切配合。视觉营销在终端中起到非常重要的作用，只有我们真正地重视并且利用好它，才能为企业带来更多的效益。

锦囊二 强化品牌的自我诊断。需要明确品牌核心产品的定位，品牌的发展理念，来确定最适合品牌的终端视觉表现形式。我们只有把握好“前三秒”的先机，才能最大化地促成我们的收益。

锦囊三 与时俱进，保持品牌形象的新鲜度。前面已经阐述很多关于新型技术在VMD的运用。我们也建议企业能够时刻关注视觉营销的发展动态，关注我们顾客的消费观念的变化。能够结合企业自身的文化，为终端及时注入新鲜的元素，持续保持消费者对品牌有足够的新鲜度和忠诚度，最终保证品牌的成功。

作者简介：零售业视觉营销专家，卖场空间规划及视觉陈列高级设计师。

曾任职于匡威（CONVERSE）、哥伦比亚（Columbia）、彪马（PUMA）等国际时尚运动品牌公司，具备10年以上市场推广策划、视觉陈列管理及商业空间规划等管理工作经验，善于分析顾客需求，具有完整的设计理念及优秀的创新能力，熟悉开店、市场推广及零售终端运营相关流程。

擅长领域：视觉营销、陈列设计、终端空间规划和零售市场推广。

7 这家火锅店另辟蹊径蹿红重庆市场，创立仅2年创单天5万营业额

区锐强

如何在激烈竞争的红海中开拓出一片蓝海市场？重庆杨光会鲜货火锅连锁，由资深餐饮行业企业家杨光会女士创立，创立时间只有2年，目前在重庆、成都有5间店，但其创新定位的鲜货火锅商业模式在极度激烈竞争的重庆火锅市场中，开拓出了一片蓝海市场，赢得市场和消费者的高度认可。杨光会鲜货火锅每天生意火爆，平均达到4%以上的翻台率，其中最小的一间店面积180平方米左右，最高单天营业额可以达到50000元。

重庆老火锅vs新派火锅

众所周知重庆火锅历史悠久，有极强的群众基础，遍及全国而且常年不衰。如果把美食界比作一个武林，那在重庆这片江湖中，主要为老火锅与新派火锅这两个门派鼎立，关于两者的斗争近几年甚至有愈演愈烈的趋势。

重庆老火锅兴起于20世纪90年代中期，在2000年前后达到鼎盛，其典型特点是：砖头垒灶，粗瓷大碗、长条木板凳，用材简单且重油，以重口味、味道好为竞争力。但致命缺点就是太油腻，且香味单一，增香加鲜全靠老油。

而新派火锅正是这股潮流下应势而生的产物，新派火锅弃用老油，特点是：重装修，走时尚风格，轻油重水，并对火锅的香辛料展开研究，以香料味突出、环境好为竞争力。

但无论老火锅还是新派火锅，在食材上都有使用“冻货”的共同点，原材料都是冰镇过的肉类和内脏，并通过腌制和锅底来入味，虽然味道可口但不健康。

面对火锅行业的短板，杨光会女士通过深度思考和研发，做别人不做的，有针对性地做了创新。

鲜货火锅的异军突起

其实早在2013年，杨光会女士已经萌生了创新火锅的计划，为此她用了2年的时间做调研准备。在这两年里，她跑遍了重庆的大街小巷，吃遍了3000多家火锅。在分析了市场、价格、前景之后，杨光会女士确定了差异化的火锅定位，并以自己的名字命名，在2015年创立了杨光会鲜货火锅的1.0版本，自此“鲜货”火锅应运而生。

锅底创新

鲜货火锅的“鲜”首先体现在火锅锅底的创新。传统的火锅锅底都是调好之后端上餐桌，顾客无法得知是否是一次性，为了确保这一点，杨光会鲜货火锅采用“干锅底”上桌，使用固体的牛油加花椒等干货的调味料，在顾客面前煮融成锅底，让整个过程都在顾客的眼皮子底下进行。

而且顾客还可以根据自己的口味选择底料包的多少，自助调锅底，这样操作在当时的火锅界实属首创，“新鲜看得见”。

不过创新的背后是原材料成本的增加，这是对老板的挑战。对此杨光会女士意志坚定，面对消费升级的市场趋势，消费者越来越挑剔，只有真心款待消费者才会赢得认可，只有赚取合理的利润，企业才会走得更远。

食材创新

食材被指不新鲜、不健康一直是火锅行业的短板，该如何突破？杨光会女士通过思考，认为根本的解决方案是革新供应链，不同于传统做法的从“从市场到餐桌”，杨光会鲜货火锅率先提出“从土壤到餐桌”的新鲜美学，让食材充分保持鲜味，实现“上一秒还是活的，下一秒已在锅里，第三秒就在嘴里”。

在店铺大堂的展示柜上，陈列着各种新鲜食材，部分蔬菜和鲜菇直接生长于培养基上，尚未摘取。例如，平菇平时在菌包内生长，吃的时候直接摘取下锅煮，真正做到“新鲜看得到、摸得到、吃得到”。而且，对肉的品质和部位要求甚高，为了维持其本味拒绝添加剂，形式上更是参照农贸市场，让顾客要哪里切哪里，现切现卖，同时还会有店员教你怎么吃，让你充分品尝到鲜货的美味。据杨光会女士透露，杨光会鲜货火锅单店一个月的牛肉销量甚至能达到5000多份。

启示

什么是蓝海或差异化？勇于创新，以别人做不到的策略或者通过解决行业的短板来实现。杨光会鲜货火锅通过2年多的不懈努力，以结果为导向解决了锅底和食料的短板，差异化立马呈现，在激烈竞争的重庆瞬间引爆市场。这证明只要用心对待消费者，消费者定会给您丰厚的回报。现代市场竞争更需要全面思维，敢为别人所不为才能立于不败之地。

除了有策略还需要持续不断地打磨，具备匠人精神韧性坚持才可以成事。餐饮在供应链、粗加工、产品制作、销售展示等各个环节有大量的细节工作，台上三分钟，台下十年功。例如，杨光会鲜货火锅在供应链的培养方面，如何稳定质量并按时按量供应新鲜的原材料，与供应商多次磨合才成型，这过程需要很有耐性和魄力，供应链是连锁餐饮高速发展的支撑基础，打造稳定高质量的供应链就可以与竞争对手拉开差距，因此创新根植于匠心打造。

细节决定成败。今天的餐饮市场消费者越来越挑剔，真诚实惠的服务，消费者一定会感受到。例如，杨光会鲜货火锅为了确保火锅锅底的味道纯正，每年都到最好的花椒产地直接大批采购，囤货使用，虽然成本比市场采购的花椒高，但味道绝对有保证，同时随着规模发展，采购量不断加大从而可以调控采购价格。连锁餐饮随着规模扩展不断优化原材料的品质也是拉开竞争对手差距的手法。

成功的案例给我们启发，指导我们向上，与成功者同行。

第四章
连锁门店拓展真经

1 如何制定特许加盟发展策略

赖铁勇

现在热门连锁品牌不在少数，但有不少品牌没“火”多久就消失了，可以说，加盟连锁的品牌几乎每年都要重新洗牌。很多新的商业模式来到我国后往往变成具有我国特色的商业模式，这里面蕴含了一个风险：过去的十几年里由于我国经济发展得很快，很多企业在发展特许加盟的时候是通过圈钱的方式来进行，导致把品牌做坏了。我在2004—2006年帮助7-Eleven打造特许加盟体系，华南7-Eleven运营公司是第一家获得我国商务部、工商总局允许在国内开展特许加盟业务的国际连锁公司，我清楚地知道特许加盟是连锁企业重要的发展模式，若没有一个清晰的特许加盟战略，这条路就会非常难走。

特许加盟的本质是什么？

企业案例分析

达芙妮品牌存在老化现象，且又受到线上冲击的影响，所以存在不少问题。未来它能否进行成功逆转，这考验它的战略执行能力。过去从制造业转型到品牌运营的零售企业曾经创造了行业的神话，可以看到达芙妮公司核心团队能力是非常强的。从下表可看到：2006—2014年，有很多可圈可点的地方。

年份	总店铺数量	其中—直营店	其中—加盟店	年净增加店数	年销售额（千位）	平均单店销售额	毛利率	存货	存销比	同比店铺年增长率
2014	6,402	5,748	654	55	10,355,616	1,617,560	55.41%	2,273,330,000	22.0%	-0.90%
2013	6,319	5,491	828	-50	10,446,540	1,653,195	55.89%	2,642,920,000	25.3%	-0.8%
2012	6,369	5,427	942	767	10,529,100	1,653,179	59.16%	2,368,890,000	22.5%	13.7%
2011	5,602	4547	1055	700	8,576,762	1,531,018	61.14%	2,058,526,000	24.0%	14.3%
2010	4,902	3918	984	725	6,623,840	1,351,253	57.38%	1,084,308,000	16.4%	17.4%
2009	4,176	3433	743	531	5,831,994	1,396,550	54.99%	889,319,000	15.2%	14.6%
2008	3,645	3047	418	925	5,289,297	1,451,110	52.70%	1,355,288,000	25.6%	34.0%
2007	2,720	2441	279	412	3,853,580	1,416,757	47.78%	992,051,000	25.7%	17.9%
2006	2,308	2102	206	2,308	3,093,086	1,341,159	45.11%	684,545,000	22.1%	#DIV/0!

达芙妮公司是从做女鞋的制造商转型为品牌的运营商，继而转型为品牌的零售商。从2006年店铺数量2300多家发展到2014年底的6400多家，销售规模也从几个亿做到了100个亿。店铺增长很快的原因是2008—2012年加盟店的增长。增长过程中平均单店的销售额保持比较稳定的状况，从2308家店到2010年的4902家店，平均销售额在134万～135万元，毛利率保持在55%左右，存

销比相对比较稳定。

作为一个品牌公司，达芙妮更是一个优秀的公司，毫无疑问这得益于特许加盟模式的帮助。在这过程当中，运营系统非常强，能够保证在店铺数量迅速增长的同时，保障增长的品质。

那么特许加盟的本质是什么？特许加盟的本质不是批发也不是垄断，而是知识资本运作。它与商业模式的最大区别就在于它是知识产权的转让，利用加盟商的市场和资本共同维护品牌，没有知识含量的特许加盟不具有生命力。与其他商业模式相比，其他商业模式是有形产品或无形服务的销售或代理，而特许加盟是将知识资本作为商品来租赁、出售和合作。

怎么开展特许经营?

特许加盟品牌在保证店铺数量增长的同时，怎样运用管控能力让销售规模、质量同步增长呢？这里需要用到管理三段论，“不要用战术的勤奋掩盖战略的懒惰”，往往是战略先行。做任何业务、策略时，首先要有明确的目标，把目标放在第一位，以终为始，围绕终点设计加盟模式。有了目标再有路径，然后关注实现的路径上需要什么资源。

要知道加盟商想要什么，在打造特许加盟体系的时候，首先要有客户，针对目标客户设计产品与服务。这里的客户是指加盟商、合作商；产品是指商业模式与加盟模式；服务则是指加盟体系里面对加盟合作方支持的体系。

我曾经对某企业500多名加盟申请人进行统计，粗略得出加盟商加盟的原因，无非就是：

第一，看重资源共享，希望在品牌商标、管理、运作模式上得到更好的支持，能够共享总公司的资源。

第二，降低成本，包括经营成本、交易成本、资讯成本。若你经营一家超过2000单品的便利店，既要经营又要进行采购（直接面对超过30个供应商）的话，对你来说是一件非常困难也很费钱的事；但如果你是加盟店，只需要跟总部一个供应商进行沟通就行，这就节省了交易成本。这对一个刚进入行业的人是很有帮助的，因为要接触新模式，有很多东西你是不懂的，一个成功的企业能够帮助你去了解。

第三，降低风险，加盟成功品牌的成功概率比较高，这样就会降低财务、经营风险。

特许加盟的模式类型

不同业态提供的产品与服务是不一样的，消费者不同，商业模式也不同，商业模式决定了加盟模式。而加盟模式将商业模式的发展，分成三种模式。

一是品牌产品控制型的加盟模式，在产品运作和研发方面非常强，例如耐克和阿迪达斯。销售的更多的是品牌产品，对加盟商控制很强，会采取断货方式治理不按自己的方式管理、不融入自己的经营体系的加盟商，导致加盟商无法继续经营。

二是开店辅导型模式，目前这种模式运用比较广泛。实际上就是指一个培训公司教你怎么开店，提供开店前的辅导、人员培训模式，之后不会有很多的东西去支持你。这种企业没有足够的知识资本，产品型、经营模式型、服务型的企业适合开展这种加盟模式。特点是追求开店规模，扩大开店数量；不断开发新的商业模式、不断招商以帮助企业持续发展；另外是招商速度比关店速度快。

三是全面管控型模式。本质上没有太多产品，多属于服务业，比如餐饮、便利店、经济型酒店，服务就是产品。例如7-Eleven、肯德基、麦当劳的产品是快速消费品，差异化不明显，满街都可以买到，所以应该在经营模式这里下功夫。这就要求加盟商要按照经营运作系统这种无形资产来运作才能成功。所以申请成为肯德基、麦当劳的加盟商至少要经过一年的严格培训，而且它更多的是把现有门店转让给你运营，要求加盟商到门店做餐厅经理参与经营管理，确保单店运营体系能够落实。

如何设计加盟模式

多年的特许加盟模式与体系的搭建实战经验，让我在国内首创了这些思维模型。希望能帮助大家更好地理解特许加盟模式和体系打造的核心要义。

绝招一：加盟模式设计思维模型

企业开展加盟业务首先要明确开展特许加盟业务的目的是什么，是融人、融资还是融市场，也就是说你找加盟商来，到底要钱，还是要人，还是要品牌所占的当地市场，这三者所需的模式都不同。在加盟模式之后要设计赢利模式、管控模式以及未来投融模式。

赢利模式要梳理清楚总部、加盟商靠什么赚钱；管控模式是指采用中央集权管控还是开店辅导型。授予一个品牌、装修、运营可由加盟商自行管控；产品品牌加盟型模式更多的是在品牌市场操作方面管控，产品由品牌公司掌控，强烈控制供应商、经销商。

投融模式根据不同的需要有所不同。比如7-Eleven特许加盟不需要加盟商的资金，加盟商可以找母公司向财务公司贷款，也可以贷款一部分资金进行加盟，它需要的是加盟商作为店长亲自去运营门店，这样就解决了店长经营门店的积极性和主人翁精神的问题，就是和我们现在常说的合伙人计划有着异曲同工之处。所以，7-Eleven的定位就是融人，在融人的时候考虑更多的是怎样找到合适的经营者，或让进入的门槛更低以帮助加盟商拓宽融资模式，而不是赚取更多的资金，肯德基在国内的做法也一样。

绝招二：特许权组合开发模型

加盟方案在法律上叫特许权，特许权组合开发模型分为三个模块，包括经营权模块、所有权模块、基于经营权和所有权模块的特许总部与加盟商的业务和投入分解，形成授权组合模型。经营权模块的工作分解，决定由谁投资多一点，谁投资少一点，门店的各类资产所有权归属哪方，例如7-Eleven、肯德基由公司进行投资，更多的是使用承包模式，故门店所有权属于总部。

不同的加盟方法决定所有权的不同，经营权要确定管控模式是开店辅导还是要全面管控，把相应权责分清楚。可以对总部和加盟商在日常经营里面所做的事情列个清单，对工作一一细分：产品采购、人员管理、开店布点、咨询管理、品牌广告宣传、促销和顾客售后服务，通过日常工作对经营权进行划分，了解总部、加盟商各自负责什么，把相应的权责分工形成法律的条文，写到加盟合同里面。通过加盟权时划分，清楚加盟体系是什么，形成最终的赢利模式，促使第三个授权组合模型的产生，这是大部分国际特许经营企业里面的设计模型。

绝招三：特许权益开发模型

对加盟体系管控模式最有效的工具方法是评估要素表。我们在做方案选择的时候要向公司的董事会成员汇报，汇报的要素、理据要非常清晰、充分，这样才能把方案推动起来，也保证加盟体系是可持续的，而且风险也可控。

在体系管控模式要素方面，从成本效益上来看并不是什么东西都要管，要找到一个成本最低、效益最高的方法，例如员工的招聘可以直接由加盟商负责，总部负责培训。另外是时效性，要缩短对市场问题的处理时间和管理成本。第三个是执行力，要考虑在不影响终端市场执行的情况下怎么提高执行力，明确要管的事情会不会影响执行力等。最后是要保证市场反应能力以及整体的一致性，在对总部和分店分工管理的职能上也可以通过这个维度去分享。

企业案例分析

7-Eleven是部分经营权让给加盟商，7-Eleven利用委托经营模式把直营店一部分经营权授权给加盟商，所有权属于公司，现在也只是在某些条款方面做了一些修改。所有门店的装修、设备、产品采购都由7-Eleven公司投资，加盟商只需出加盟费、保证金，和现有直营店体系相通，加盟商作为店铺经理加入运营体系去运营。盈利方面对零售毛利进行分成，总公司占毛利70%左右，加盟商占30%左右，各自基于毛利承担一定经营费用，固定费用由7-Eleven承担，加盟商承担变动费用，比如员工的薪酬福利、管理、存货差异、机器维修费用。

作者简介：思耐铂投资创始合伙人、在线职业教育平台连锁大学堂联合创始人，二十年世界500强上市公司运营管理经验，价值投资哲学践行者。个人职业经历行业跨度广，精于分析问题本质，擅长企业战略规划与商业模式创新与实践。近年专注于消费品和连锁服务业的股权投资与企业顾问。曾服务于全球著名餐饮集团百胜餐饮集团、全球著名便利店集团7-Eleven便利店华南公司、阿迪达斯（中国）有限公司。2006年以来全程参与多个企业并购项目及项目业务重组，实际操作股权收购与资产收购两种并购模式。

现任广州思耐铂投资管理有限公司执行董事、广东连锁经营协会理事、广东首饰与配饰用品协会副会长、广东孕婴童用品协会行业顾问。多个消费品服务业与互联网项目的天使投资人。

2 连锁门店拓展流程

李小洁

连锁门店拓展流程是一个非常烦琐和系统的课题。我尝试总结出一套门店拓展的流程，供各位参考。我发现在外企里得到的经验跟技巧，在我往后的咨询服务当中非常有用，并且，民营企业也可以形成自己的独门秘籍。

在开篇前，我建议大家带着这几个问题来交流：

您所在的企业或所服务的品牌一年开多少家店，一年关了多少家店？因为商圈变化和物业主的问题移了多少家店？每家店开店需要多长时间？开店需要涉及哪些部门和相关利益者？

然后，我们带着问题，看看著名的连锁企业是怎么做的。

开发七步骤——屈臣氏开店的秘密

我们先从屈臣氏的数据分析开始，所用数据都是来源于公开的财报和产业信息网的信息资料。由于屈臣氏是香港上市公司，所以获得清晰资料比较容易。根据屈臣氏2015年年报相关数据显示：

·截至2014年屈臣氏中国内地店铺数量已达到2088家，覆盖300多个城市，较2013年门店净增加额达到395家。

·2014年屈臣氏在中国内地的销售总额为204亿港币，同比增长 13.62%，EBITDA（税息折旧及摊销前利润）为42亿港币，同比增长 17.16%。而这一年，化妆品（含个人护理）行业的整体增速不到8%。

·截至2015年6月30日，屈臣氏中国内地门店总数达2239家，比2014年6月30日净增440家，增幅达到24%。上半年，这些门店共实现销售额111.26亿港元（约合92.01亿人民币），同比增长13%；EBITDA为23.82亿港元（约合19.70亿人民币），同比增长21%。

在2015年零售环境如此恶劣的情况下，屈臣氏完全不畏惧，还在拓展自己的店铺，并且上半年的销售额也在健康成长。

屈臣氏是怎么交出这张令股东满意的成绩单的呢？除了强大的盈利系统和市场推广系统之外，还有一个很好的火车头，那就是开店拓展队伍，以及那套行之有效的系统流程，快速且有效的增长是得益于有序的开发流程，我们称为“开发七步骤”。

第一步：网络规划。在百胜餐饮和屈臣氏公司里，网络规划是他们培养自己的开发拓展团队的一个基础工具，也是“秘密武器”。这里的“网络”并不是指“互联网”，从实体店铺的开发来讲，网络指的是“店址”，在一个市场里面形成市场的网络，我们称之为连锁店铺。包括四个方面：以量化思路归纳商圈、显示机会点和优先顺序、与竞争者之间形成差异、了解商圈内目标消费者特征。

第二步：选址。选址时，我们要清晰知道品牌所要开发的目标市场的容量，也就是市场的销售收入和店铺发展数量。接着，制定出针对品牌发展的机会点和优先顺序。开在哪个商圈？商圈里哪些位置最好，哪些位置次好？公司接受的最低标准是什么？必须结合店铺开店的标准，例如面积、门面、层高等。如果是餐饮品牌，还要考虑一个最重要的因素，就是排污排烟系统。这个过程其实是对目标物业的筛选过程。

第三步：商圈调查。做商圈调查包括人口密度、目标消费群的占比、人口的组成部分。在目标消费群不同、商圈特性又不同的情况下，要精准地分析你的目标消费群的占比情况，根据具体情况来设计这个商圈的店铺面积、陈列特点等。更重要的是，还要调研目标消费群的收入水平。从楼价、周边商铺营业额的信息，可以粗略评估商圈里的消费人群的收入水平。

如果是开街铺店，特别是烘焙店、轻餐饮类，如奶茶铺、咖啡外带店等，就必须分析商圈里的人流动线和交通动线。需考虑的问题如：门店停车方不方便？有无相应的停车位？是否位于地铁出入口？公交车站离店铺距离多远？甚至报亭、可提供充值服务的便利店的位置，在你潜在的店址和商圈里的分布状况都需要进行动线的分析。同时，结合聚客点的分布，因为聚客点也是影响人流动线的一个主要因素。聚客点就包括商场、写字楼、医院、学校等。收集这些信息，可以为店铺将来的营运团队做好商圈渗透的基础和准备。相信你的营运团队会非常感谢你。

第四步：投资评估。在进行选址和商圈调查之后，我们就要针对目标物业进行一次摸底，了解物业主的期望和物业状况。这一步可以借助已有店铺的信息，把相类似的商圈、相类似选址的店铺作为对等店，用对等店已有的数据去推算新店的营业额、交易次数、客单价等，进行模拟测算。

同时，制作针对单店盈利模式设计的财务预算系统，民营企业没有必要做得非常复杂。此前，我在“如何在预算有限的情况下进行合适选址”的课程当中分享过，我们就制作简单的excel表格，用营业额预估和成本预算推算可能出现的利润，这样的投资评估就能够做到心中有数。因为投资评估其实是一个比较复杂的内容。由于篇幅限制，在这里不做详细展开。

第五步：谈判和签约。谈判和签约这个环节是基于此前的投资评估，调节自己手头上的谈判筹码。在这个“认知价值、再谈价格”的时代，我建议把价格放到最后去谈。无论甲方有多么迫切，或秉着“不谈租金就什么都不谈”的态度，我们都要把握好节奏。你要知道自己手头上的筹码，然后一张一张地发出去。在谈判过程中，公司的角色比个人的角色更好发挥，要懂得利用集体的力量，不要独走江湖，因为独走江湖也不利于公司拿到最优价格。所以在沟通谈判中，作为公司的代表，你必须要把企业的利益放在首位。在之前提过，做好内部的配合比外部谈判更重要。例如，我在做开店拓展工作时，会跟法务同事、财务同事、营建同事（店铺规划和装修团队）先沟通好，因为他们的信息是根据他们的专业反馈给你的。作为拓展人员，要先做好内部沟通，才能代表公司去谈判。

通常，甲方都会第一时间谈价格，但作为乙方，应把价格放在最后。谈判时要注意的内容有：

（1）初步了解对方合作意向及期望，预判谈判空间。

（2）房产的合法性和物业的市政规划。

（3）根据选址标准，对物业做初步评估。

（4）避免对租金或者条件进行承诺。

（5）谨记每次谈判完进行记录。

多轮谈判无法避免，可表达诚意，但不可表现焦虑。做到：

（1）检查近期的谈判记录，对谈判对象进行会议研究。

（2）根据公司内部意见，进行谈判。

（3）将价格谈判放到最后。

（4）在谈判过程中，特别在价格和费用谈判时，需要保留空间并表明是个人评估。

（5）做好每次谈判记录。

第六步：营业前准备。签约之后就是做营业前的准备。有两个工作，一个工作是在店铺里面进行的，另一个是在公司进行的。

那么店铺里面需要做什么呢？

（1）营业额预估。

（2）根据预估营业额配置标准的设备（例如餐饮行业的设备就是一些生产工具，零售行业的设备就是货架、收银台等）。

（3）根据房产条件进行平面设计及店铺形象设计。

（4）投资预估（进行实际投放，与财务部做好沟通）。

第二部分就是公司总部要做的准备——营业条件。

（1）商品的准备（餐厅就是食品，零售就是衣服鞋子货品等）。

（2）当地营运团队组建、招募。

（3）新店市场推广方案。

（4）工商营业执照、消防验收、卫生许可证、户外广告招牌等。

（5）营业计划的制订与审核。

进入营业前的准备工作，会涉及两个主要职能团队：一个是店铺设计；另一个是店铺营运。另外，还有商品部、公共事务部、财务部的参与，由于有多个职能团队协同工作，这时开店拓展团队就是一个协调的角色。在开店前必须要做好沟通和连贯，这个沟通和连贯包括内部沟通和外部（物业主、商场、百货公司、购物广场的招商团队）沟通，密切跟紧物业的开业时间，并且要把店铺的装修进度和业主做一个备案，因为这也是履行合同的内容之一。

第七步：开店后评估。开店后评估是由营运部主导的，并且这也是营运团队对开发拓展团队的工作进行评估。评估的意义主要在于检查之前的工作是否存在疏忽，其次也可以优化今后的工作。这个评估过程开发拓展部门也应该参与。

评估的要点包括：营业额方面，开店后人流量与开店前的差异、捕获率的差异、客单价的差异；店址位置方面，能见度、便利性等；商圈变化方面，商圈性质是否有变化、聚客点开店前后是否有变化、商圈发展趋势是否有变化。

以上是百胜餐饮、屈臣氏等知名企业惯用的工具，但民营连锁企业由于成本、团队素质等原因限制，是不能照搬这个工具的。那我们如何创造适合自身企业发展的“武林秘籍”呢？接下来是我服务民营企业三年的经验分享，供大家参考。

创造适合自身企业发展的“武林秘籍”

绝招一：清晰每年开店目标与进度。

清晰每年的开店目标与进度，这点在外资企业属于比较基础的思维，但我看到民营企业并不是用这种思维去做开店拓展计划的。

案例

我做咨询的时候，曾与一位连锁企业的招商总监谈起他的工作目标，这个招商总监其实就是加盟商团队部门的领导，当时老板交予他的任务是全国范围内一年开80家店。当我问到这80家店的数据是怎么来的时候，这位招商总监立刻话锋一转，叫苦不迭，声称他进入这家公司后才知道这个开店目标，并且不能修改。我说你有没有思考过，老板为什么会给出这个目标呢？他说老板并没有跟他交接任何工作内容，而只是让他开这80家。我当时教他一套方法，把目标市场进行分析，罗列可能性等，也就是我们所说的网络规划或者市场开发计划。这位招商总监听了之后说，他已经没时间做了，因为这个指标已经落到他头顶。我当时觉得无奈，因为我认为责任不在老板身上，作为开发的领头人，他还不知道自己的枪要打到哪里去，就叫苦不迭，我个人认为这样的招商总监是不合格的。不出我所料，这位招商总监不到半年就离职了，当然，企业的开店目标也没有达成，这是一个双输的结果。

所以建议，团队要制定有逻辑、清晰的开店目标，把有机会开店的商圈和机会点进行一一罗列，才能知道你的资源要放在哪里。做到对每个季度、每月流程中的店铺了如指掌，并且知道问题的关键在哪里，这样才能够保障企业全年开店目标的实现。

请大家思考一下，你是否有把开店铺的季度和月份分布进行罗列？是否有将全年的销售额和利润进行滚动分析？如果都有做到，那你才能真正做到不急，不慢，不燥。

绝招二：了解团队实际负荷并进行优化。

开店其实就是项目管理的一个过程，需要清晰知道每个环节所需要的人力、物力和时间，并且在阶段性工作结束以后和各个相关单位的部门进行讨论、优化，加快速度，进行流程的完善。

案例

在我服务过的一个企业，为了加快加盟商的开店速度，我们对各个环节的工作天数进行了拆分，哪些步骤可以同步进行的，找出相应的关键点。做了这个优化后，我们把开店天数从50个工作日缩短到33个工作日。

当你的团队没有品牌优势的时候，就不能拿到一个很好的免租期，要站在区域拓展的前头部队或者经销商的角度去考虑问题，所以要优化流程所需时间。对内部监管工作流程，对外部公示和交代，让加盟商和经销商心里有数。

绝招三：控制节奏，满足需求。

满足加盟商的需求。开店是一个系统工作，不只是开发团队的工作，因为民营企业大部分直营较少，加盟比较多，所以加盟商也是品牌公司的客户，应该用对终端客户的心态服务好加盟商。加盟商不需要管理，而需要服务。

我们应从一开始就对加盟商负责，首先就是对他的资质进行严格审核，当发现加盟商不适合品牌加盟的要求时，就要考虑终止合作。由于加盟商是合作伙伴，俗话说，道不同不相为谋，如果因为急于开店而随便开发加盟商，会导致后面问题更多，等你要解决的时候就已经来不及了。

其次要合理评估团队自身的经营能力。根据团队能力，逐步开放市场。不要只是谋求版图的扩大，因为如果服务不到位的话，加盟商的表现肯定不好，那最终伤害的肯定是自己的品牌。

再次是培训系统和培训团队的搭建，这也是开店的有效支持。开了店还得给予加盟商及其团队充分的培训。

最后还有很重要的一点，就是总部对加盟商开店支持政策。虽然加盟商对于品牌来讲也是资金的强大来源，但是你不从自己的裤袋里面露一点，加盟商会相信这个品牌能做得好吗？

总结

近年经济发展环境变化，实体店铺遭受了重重洗礼，很多实体店都遭遇了关店潮，但是连锁企业的发展还是有需求的。做好内功才能长盛不衰，身边的屈臣氏就是一个很好的例子。在本文我提供了一些工具，这些工具在零售和餐饮行业都发挥了很好的作用。但是工具要和企业的真实状况相结合，灵活运用。关键还是执行到位，方法到位，老板和团队才能得道。

作者简介：连锁企业选址分析专家，连锁营运系统分析专家，问问高级专家。十三年连锁拓展经验，曾任职于百胜餐饮、香港屈臣氏、阿迪达斯（Adidas）体育等全球知名连锁企业。擅长连锁拓展、实战谈判、项目可行性分析，对连锁店的物流配送、选址布局有丰富实战性经验。

擅长领域：连锁拓展、实战谈判、项目可行性。

第五章
做好连锁与“互联网+”

1 中小企业如何不烧钱打造适合自己的O2O模式

赖铁勇

我第一次接触O2O（线上到线下）概念是在2012年IBM和Oracle的零售论坛，他们看到了互联网对线下传统企业的冲击，认为这是一个很好的市场。线下传统企业实现O2O的首要条件是加强信息化系统，从客观上来讲O2O的推动会使整个市场与国家经济也得到推动，特别是企业的信息化程度将加强，这就是像IBM、Oracle这样的大公司不遗余力地推O2O概念的原因。其实无论线上还是线下，B2C的O2O其本质依然是零售，零售的核心依然是：挖掘和满足消费者的需求，对商品和客户进行经营，实现销售。因此，无论线下、线上还是O2O，本质还是做零售的业务，比拼的还是对整个供应链的管理能力。

O2O发展的原动力来自传统企业对其业务模式互联网化的需求，在传统行业受到了电子商务冲击的同时，电商也就是“外星人”其实也需要到地球里面落地，所以他们也开始注重客户线下体验，开实体店；而对线下的企业来讲，他们也遇到了很多挑战，所以他们也有走到线上的需求。

实体经营企业为什么会有O2O需求？

一是线下企业的信息传播方式具有局限性，在过去一般是通过派传单、做户外广告来传播。这样做的精准度是欠缺的，而且整个系统的处理能力也有局限性，比如对用户的挖掘就做得不够精准，这是其中一个需要转变的动力。

二是国外排行前十名的零售企业中，只有两个是属于“纯”电商企业，很大原因是欧美传统的零售与连锁服务业企业的系统性非常强，因此欧美的零售企业大部分都是从线下发展起来再转到线上的。中国企业在高速发展三十多年后，过去粗犷式的发展和管理模式已经不能适应市场需求，更加需要企业系统化的管理，打造真正可持续发展的核心竞争力。

另外，一直都在社交化、本地化、移动化、个性化的消费者市场需求使得整个零售业的价格越来越透明，因为中间的环节都被打破了。这就要求企业除了线下的销售以外，还需要通过多渠道来实现你的销售。

移动互联网、移动终端的大面积使用使得购物碎片化，服务形式也比较多样。这就使得企业从客观条件上和内在需求上都有了开展O2O业务的动力。

从投资角度看O2O

实体经营企业的O2O可以分成三个层面：业务层面的O2O、

管理层面的O2O和战略层面的O2O。

业务层面的O2O：中小企业都希望通过线上进行引流，利用移动互联网去做市场营销、推广。这种O2O是比较浅层、容易实现的。大多数中小企业的需求还是在业务层面，利用O2O的技术和概念进行营销，实现变现。

管理层面的O2O：除了业务上对消费者通过互联网进行引流以外，还可以通过互联网技术和系统软件帮助我们加强客户关系管理和提高内部工作效率，这就是管理层面的O2O。例如很多OA系统（Office Automation－办公自动化）通过移动端实现，管理层通过内部的IT管理系统提升内部工作效率等。

战略层面的O2O：基于商业模式的改变去实现O2O。比如“河狸家”“滴滴打车”，还有一些美甲平台，都属于这个行列，都是用O2O的商业模式去解决信息的不对称，把需求方和供应方本地化，以此来实现信息对称。比如当你使用滴滴打车时，你是一个需求方，司机属于供应方，他在接到单后就能来接你，这就是实现了信息对称、本地化的体现。

其实很多时候在市场上不同领域对O2O的理解层次是各不相同的，大部分企业把它看成是业务层面的，真正的创投项目属于战略层面的O2O，传统企业是在做管理层面的O2O工作。生活消费领域的O2O融合线上线下的渠道，消费者可以通过线上筛选、预定、支付或者到线下去体验分享，实现整个线上线下客流的共享，这就是真正意义上的O2O。

如何打造适合自己的O2O模式?

实现O2O商业模式的创新要结合自己所在的行业的产品消费属性、服务属性去做定义。能够实现O2O的企业有三个特点：产品和服务的标准化统一，企业的信息系统化高，网民对产品和服务的品牌认知度高。基于这三个标准，有一些行业具有实现O2O的先天优势，另外一些行业相对来说需要投入更多的资金。

对连锁零售、服务业来讲，实现O2O其实是非常顺理成章的，为什么呢？有一定规模的连锁企业在信息化系统建设方面都很强，比如CRM系统、ERP系统，这么多年运用下来已经有了一定的沉淀，可以用来激活大数据，只要再借助线上支付的工具基本上能打通线上线下，实现互联网的精准营销。连锁总部其实就是一个平台，每一个分店相当于一个点，用线连起来就是网络，所以说连锁总部是平台化的，分店的组织是网络化的。而很多连锁企业又是通过特许加盟、特许经营的方式去运作，他们本身就是在做知识资本的运作，本质上就是企业无形资产的资本运作，十年前我设计7-Eleven南中国特许加盟模式的时候就有清晰的认识。所以，连锁行业天生就已经和金融、互联网联系在一起，有实现O2O的先天优势。

连锁企业O2O与传统实体经营的企业和电子商务运营的主要区别是：打通所有的业务场景。这是所有连锁企业实现O2O最难的一个点，包括流量上的打通和会员、商品、支付上的打通。

大多数中小企业都希望去实现O2O，但真正要实现O2O的难度还是很大，建议大家还是去做移动互联网的营销，在业务层面做O2O更现实。真正要去做O2O商业模式创新的话，传统企业一定要有一定的体量，也就是前面所讲的三个特点。网民对产品和服务的品牌认知度越高的，商家在线上的推广成本越低，比如阿迪达斯、富安娜、穗宝床垫等知名品牌，他们在线上的主动搜索率往往很高，很多消费者通过搜索引擎主动搜索，根本不需要花太多的时间与金钱去做推广，只需要做精准的投放，找对目标消费人群就行。

O2O涉及企业内部资源的整合问题，例如线上和线下的业务资源争夺、业绩的考核等，如果用线下的团队去操作线上的业务，由于DNA不同，基本上成功的概率会很低。目前成功的企业基本上就是线上、线下分别有专业团队在做运营，需要平衡线上、线下的业务资源争夺与业绩考核，这就要从战略规划上做规划。

实体店要打通线上、线下，副总与总经理要对线上和线下的模式都非常了解，梳理好各类利益的分配，才能把O2O的设想执行落地，真正领导传统服务业零售实现转型。

总的来说，O2O是一个必然的趋势。中国连锁服务业一定会走向这种大科技、大零售、大文化的O2O，企业要根据自己的实际情况，看适合走哪个方面的O2O，这是我给企业主的建议。

精彩互动

问1：O2O需要线上、线下两个团队运作，是否给企业增加了费用压力？因为线上产出速度太慢，而线下利润薄，会被拖死，如何解决？

赖老师解答：分团队是因为营运模式和团队DNA不同，业务是不可能分的，不然就不算020了，业务共享客流是有增量的。所以，我建议企业不要急着上020项目。大多数企业做好业务层020就可以了。做好互联网精准营销和消费者数据挖掘，回归本源做好基础产品和服务，很多企业基础没做好就上020，不烧钱是不可能的。回归本源干好基础工作，因为020也没改变零售本质。

问2：品牌商做020已经有一定的门槛，那么加盟客户呢？出路如何？

赖老师解答：短期来看，加盟商品牌不是自己的，做好业务层020，借互联网技术多一个渠道。长期来看，可以打造垂直行业的零售服务平台。

问3：我学习案例时总结了几点适合中小企业020的业务层面，所谓020的1.0版本。（1）在合理的预算下建立自媒体团队。（2）通过线上或者其他渠道吸收粉丝，例如优惠、点赞、话题。例如郑州的“锅大侠”火锅连锁，通过一年多时间的努力，用二维码在微信公众号吸引了10万粉丝。（3）在线上推动品牌、活动黏性、营销。例如“锅大侠”针对年轻客户群体进行年轻人创业讲座素质训练、新品发布事件营销等活动，所以运作很成功。（4）线上营销再次拉动客户回到线下店消费，这就是适合中小企业的020的1.0版本。既充分利用互联网的工具特性，又能控制费用！您觉得这样的版本是否合适中小企业？

赖老师解答：“锅大侠”业务层020是好的验证案例。其实是效率，互联网工具提升了效率，所以明白本质就能用好。还是要回归本源做好基础工作，互联网只是提高效益，打破信息不对称。

问4：可见这是一场系统战役，对每个环节、节点要求极高！绝对不是游击战，更不能打到哪里算哪里！所以为什么目前中小企业很少有O2O的成功案例！

赖老师解答：其实很简单，需要实现以下几点逻辑：（1）列出业务层、管理层，以及战略层面O2O的先决条件、必要条件的自查清单。（2）根据现状分析，确定阶段性O2O目标和模式层面。（3）围绕打通各业务场景制定分阶段的执行方案。

2 电子商务，天堂还是地狱

梁峥嵘

经常听到一句话：现在不做电子商务，未来就无商可“务”了！是这样吗？我要反问：现在做了电子商务，就有前途吗？纵观人类历史，生产力的发展总是带来社会的进步。从青铜器时代到铁器时代，从人畜力到蒸汽机，甚至车轮、马笼头的出现，都让世界向前迈进了许多。所谓互联网，就是现在最时兴的移动端，过往的历史总在不断地告诉我们：社会变革总是滞后于技术的变革！

君不见，赵武灵王胡服骑射后，打败了多少战车，西方先进的机械打败了多少田园牧歌的浪漫民族！因此，是否电子商务，其实只是一个伪命题，企业假如要继续发展，其实并不仅仅是形而上的触网。企业发展需要时刻提醒自己的是——与时俱进！毕竟这个世界上唯一永恒不变的是：永远在变！

然而，现在许多所谓的新兴企业，似乎不是这样，他们往往依靠一个不知所谓的概念——这些概念往往被冠以互联网的名号，然后去搞所谓的风投、私募或者天使投资，向往：一朝上市而盘满钵满。殊不知，所有的资金都是逐利的，好的概念固然重要，但是假如没有好的规划，能够获得真正的投资吗？又或者没有好的管理，可以获得预期的发展吗？因此所谓电子商务归根到底还是要回归商务的本质——是否能赢利！

企业如何做“电子”

A眼镜公司为了提升销售业绩，组织了打折活动，效果不错，那么B眼镜公司随之发起反击！一来一回，发现这样打折其实也分不出个高下。因此A眼镜公司决定将业务向互联网上发展，开了一家网店。B眼镜公司看到似乎业绩不错，也开了网店，两家继续竞争。这个时候，B眼镜公司觉得之前被抢了先机，因此开发移动互联网，率先推出了O2O，好了，A眼镜公司马上跟进！

他们继续互相缠斗，但其来来去去的套路是什么呢？互联网其实就是一个工具，当初美国国防部做局域网，就是为了高效连接不同的电脑，让信息快速传播，与锤子、小刀、飞机、坦克的作用一样！而现在最流行的所谓“互联网+”，其意思也是互联网加一个传统产业，就是通过互联网推动产业升级！

这两个图片，都是iOS系统，一个是6.0版本，一个是7.0版本，我看着这两张图三天三夜，才找出什么是互联网的本质！归纳起来，有以下几点：

· 拟物化与扁平化，代表着世界是扁平的。以前需要花费大量精力去找资料找信息，现在是互联网时代，都不需要了，一个

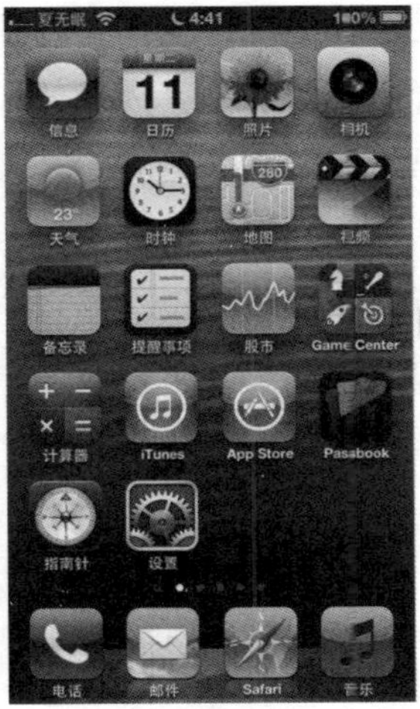

iOS 6与iOS 7界面对比

主页

简单的搜索，就什么都知道了。

·每个人都有智能手机，虽然机器一样，但是里面的应用不一样。这告诉我们，在互联网时代，每个人都是主角，都可以在平台上尽情地展现自己。如今估计没有人会一天都不上社交平台，也没有人在社交平台上发表心情感想后，不希望有朋友回应的吧？

·每台智能手机的常用界面上，占据最多位置的应该就是通信工具，比如传统电话、电邮、微信、QQ，又或者是Facebook等。这也就是说，现在人与人之间的沟通已经做得无远弗届！认识的或不认识的人，都可能会为了一个共同的兴趣点、感动点而瞬间建立起联系。

现在的应用市场，无论是iOS端还是安卓端，都有数以万计的应用。只有想不到的，没有找不到的！

知道了互联网的本质和特点，又懂得如何使用互联网，这才叫互联网思维！但随着新工具——互联网的出现、变化，我们不仅仅是要研究供需，还应该告诉消费者：其实满足其需求的东西，也许是他原来没有想到的。当一个男生说“假如我有一个女朋友就好了”，这句话放到以往的商品时代，商家会给这个男生提供一个陪侍（虽然这个是违法的）；而现在商家的做法是：会心一笑，然后给这个男生做一个形象管理。当一个举止优雅、言谈得体、玉树临风、风流倜傥，不羁之中略带一点小忧伤的男生站在女生面前，这个女生难道不会主动投怀送抱吗？

在互联网时代，这就叫发掘用户真正需求！说白了，互联网的商家，其实是在教授消费者如何使用互联网！因此互联网的关键是什么，应该不言而喻了吧！没错，就是人。企业假如要真正赢得市场，就必须研究人——人的需求，以及在新的工具出现后人的需求会有哪些变化。只有不断适应人的需求变化，或者不断满足人的需求变化的企业才可以获得胜利的机会！

互联网思维，其实并不是局限在网上！

作者简介：零售运营管理专家，22年消费品零售管理经验。曾任太古可口可乐、广州凌云公司（法国梦特娇中国总代理）、阿迪达斯运营高管。通过经销商零售营运管理推动门店业绩提升，将原民营公司运营模式向跨国公司标准运营模式转变。

3 “互联网+”战略中的跨境电商经营秘籍

叶君

说到跨境电商，有很多类似速卖通、eBay的老师在授课，但是真正能够从整个跨境电商形式，为创业者和企业家分享关于跨境电商的利弊，帮他们寻找合适的经营模式的老师及公开讲课并不多。

我合作过的政府跨境电商项目方包括广州海关、重庆海关、郑州海关、东莞邮政城区分局；企业方面的合作项目则包括珠江新城的美悦优选，以及海珠区信天游保税店，从选址、建成、招商、开业的整个过程我都有参与其中。

所以相对来说，从政策到企业经营层面，我对整个跨境电商情况比较了解。为了让大家对整个课程脉络有清晰的认识，我先展示一份跨境电商课程的大纲，这是从宏观经济分析到政策精读，从源头的采购、运输，到达中国国境的清关、售卖，以及行业成功案例，之后再到沙盘模拟。当然有些企业会关注不同的点，比如我曾在华南师范大学讲的主题就是“跨境电商热潮的原因”，其中海关机构关心的是跨境电商商品采购的过程。

课程大纲：

第一部分 剖析国家战略——“互联网+”概况以及“互联网+”在跨境电商经营中的应用

第二部分 揭开跨境电商神秘面纱——跨境电商概念界定与未来趋势

第三部分 跨境商品的翅膀——中国跨境电商三大物流模式

第四部分 跨境电商合法经营的保证——跨境电商资质

第五部分 经营跨境电商成功的利剑——行邮税

第六部分 经营跨境电商成功的基石——跨境商品采购策略

第七部分 站在巨人的肩膀上——中国跨境电商典型案例与商业模式

第八部分 尽享政策红利——自贸区与跨境电商试点城市政策对比

第九部分 数据解读跨境电商——中国跨境电商历年交易状况

第十部分 实践出真知——沙盘模拟经营

这篇文章的目标是帮助企业家和创业者寻找适合个人或者企业的进出口贸易模式，同时也帮助企业家和创业者充分利用政策，为公司谋利。当然如果你不想涉及跨境电商，我也可以帮助消费者通过充分利用政策，享受到更加物美价廉、货真价实的进口产品。

一、跨境电商发展历史与趋势

我们常说，事情顺势而为可事半功倍，逆势而为则是事倍功半，历史是最好的一面镜子，我们要了解这面镜子。那么我们就先来看看跨境电商发展的历史与未来的趋势，从宏观去把握，我们究竟如何经营好我们的跨境电商。

何为跨境电商？跨境指的是关税的征收，电商指的是电子商务，两者结合就叫作跨境电商，两者缺一不可。现在的跨境电商给人的感觉首先是进口的产品，而且B2C（商对客电子商务模式）的电商才叫跨境电商，其实不然。跨境电商包括进口和出口。当然从另外一个角度来看，跨境电商也包括B2C和B2B（企业对企业的营销关系）。

在整个跨境的进出口贸易发展中，一共经历了四个阶段。

第一阶段：1990—2000年的一般贸易阶段，很多人更多的是利用国内外信息的不对称而赚钱，特点是批量进口，通过批发商、零售商进行销售。

第二阶段：进入2000年，代购盛行，人们热衷于出国留学、旅行热潮或者长居国外，因而专职代购。

第三阶段：2005—2012年，国内双币卡（Visa / Master / JBC）等开始普及，懂英语的人越来越多，此时更多的是海淘，海淘就是在国外英语网站直接购物用双币卡来结算。

第四阶段：进入2012年，跨境电商阳光化的模式在全国开始推行，其标志就是海关总署确认上海、重庆、杭州、宁波、郑州五个试点城市，代表着跨境贸易电子商务服务试点工作的全面启动。到了2013年10月，我国跨境电子商务城市试点开始在全国有条件的地方全面铺展。

为什么选这五个城市？上海是自贸区，重庆是长江的重要枢纽，杭州有阿里巴巴公司，宁波是小商品集散基地，郑州的标语是“习近平主席第一家参观过的O2O店”，它的口号“买全球，卖全球”也是习近平主席提出来的。

从中国进出口贸易和跨境电商的交易规模来分析，2014年跨境电商交易总额同比增长是30.6%，相对于整个进出口形势的2.3%是惊人的爆发式增长，预计2017年跨境电商的体量会超过8万亿。所以，跨境电商在整个进出口贸易里是大有可为的。

再从跨境电商进出口的模式来分析，虽然出口还是占大头，但是进口的比例逐年上升，究其原因，第一是因为世界经济增长的乏力，第二是中国经济呈中高速增长，第三是人民币的升值，从2007年的1美元兑7.8元人民币到现在的1美元兑6.79元人民币。

其中一个关键就是我们的出口商不懂利用政策。我曾跟检验检疫局开跨境电商研讨会，他们反映，有很多出口商都不懂利用自由贸易协定。这个自由贸易协定的签订就是说我国与其他国家有相当多的降税与免税的政策，但是我们国家的出口商不知道，不会用这个政策。

举一个简单的例子，我们国家跟欧盟是没有签订自由贸易协定的，但是我国已经跟瑞士签订了自由贸易协定，而瑞士是离欧盟最近的非欧盟国家，其实我们出口商大可以把产品先出口到瑞士，再通过瑞士进口到欧盟，这样就可以省一大笔的关税。但是很多出口商不懂得利用这个政策，导致整个国家的出口形势下降。

从进出口的B2B与B2C的结构来说，虽然现在B2C是很热的话题，其实B2B还是占绝对的大头，但随着交易订单的碎片化和交易主体的小额化，B2C占比会越来越高，这是大势所趋。

从中我们得到什么启示呢？

（1）传统进出口贸易仍占主流，但跨境电商更有后发优势。如果你是创业者，你可以去做跨境电商项目而不去做传统进出口。如果你是传统企业，先不要放弃你原来的进出口业务，可以先成立项目组涉足跨境电商。

（2）跨境电商中，出口仍占主流，但进口增长更快，创业者和传统企业可将精力集中在进口。

（3）B2B仍占主流，传统企业已经拥有的B2B渠道不应该放弃，创业者应把精力放在B2C上。因为B2C的成本更低，例如B2B一笔货的账期最起码要60天，而C端一般是先给钱后发货。而且创业者原来没有B2B的渠道，要开拓也难，因此创业者应把精力集中在B2C。

二、经营跨境电商成功的利剑——行邮税

上文我们谈到跨境电商的大势，以及从2012年起国家开始支持跨境电商的大力发展。那么国家到底给了什么样的政策和优惠来发展跨境电商，令跨境电商能够走在前沿呢？其中一个重要的利剑就是行邮税。

行邮税是什么？行邮税的总称就是行李及邮递物品个人税，这个是跨境电商成功的关键。

再看看其他不同商品在境内和境外的价格比较，一个LV手袋在中国卖到19200元，而在美国只卖15600元，相差有18.8%，如果通过行邮税模式的话，我们内地产品的价格可以做到跟我国香港地区的产品价格差不多。再举个例子，Prada 男士包在我国香港地区的价格是2万元左右，而在深蓝商都上海自贸区也是2万元左

右，换言之，通过跨境电商行邮税的渠道，可以获得更有价格优势的产品。

商务部原部长高虎城在人大代表会回答记者提问的时候，谈到日本“马桶盖”事件，道出了国内外价格差异的三个原因：

第一，是品牌商对中国特定的定价策略。

第二，就是经销的制度，层层经销而层层剥削。

第三，就是税费重。

根据世界银行提供的资料显示，在2016年，中国的税率为68%，中国香港是22.9%，韩国是33.1%，日本是48.9%。

重点看看税费的问题，从税费分析，中国内地商家68%的利润都用于交税，而在中国香港只有22.9%。所以为什么在香港买两只眼霜的价格就等于在内地买一只眼霜的价格，这个就是最终的原因。而根据权威机构统计，我们国家是税负第二高的国家，全世界税负第一高的国家是德国。

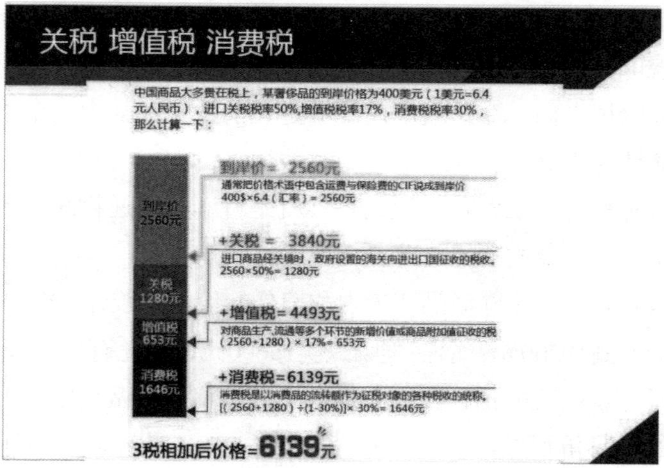

图1　关税、增值税、消费税

继续从关税、增值税、消费税来分析税费的问题。一个产品的到岸价，来到广州南沙还没有通关的情况下，价格是2560元，但是交了三种税之后，价格就变成6139元，是原来价格的2.4倍。所以，为什么我们买国外的商品那么贵，原因就是这三种税的征收（税率为较早前数据，具体税率请以最新为准）。

关于行邮税，特点之一是出口产品没有征收行邮税的，而且这个税种其实很早就有了，只是国家没有大力推行而已。行邮税的税率分为四档，分别是10%、20%、30%和50%，针对不同的物品有不同的税率（如图2）。

行邮税率（4月8日前）			
档次	税率	商品类别	备注
一	10%	书报、刊物、教育专用电影片、幻灯片、原版录音带、金银及其制品、食品、饮料等	税额在50元以内免征税
二	20%	纺织品及其制成品、摄影机、摄录一体机、数码相机及其他电器用具、照相机、自行车、手表、钟表（含配件、附件）	税额在50元以内免征税
三	30%	高尔夫球及球具、高档手表（是指完税价格10000元人民币以上的手表）	税额在50元以内免征税
四	50%	烟、酒、化妆品	税额在50元以内免征税

图2 行邮税率

2017年行邮税的税率进行调整，调整后为将原有四档税率10%、20%、30%、50%，整合为15%、30%和60%三档税率。其中，15%税率对应最惠国税率为零的商品；60%税率对应征收消费税的高档消费品；其他商品执行30%税率。最惠国税率是基于最惠国待遇原则的基础上，通俗来说，就是在国际贸易中，贸易双方缔结条款，约定双方在国际贸易中给予对方不低于任何第三方享有或可能享有的优惠待遇。在最惠国待遇原则的基础上制定的最惠国税率是一国在对外贸易中普遍意义上最低的税率，但是

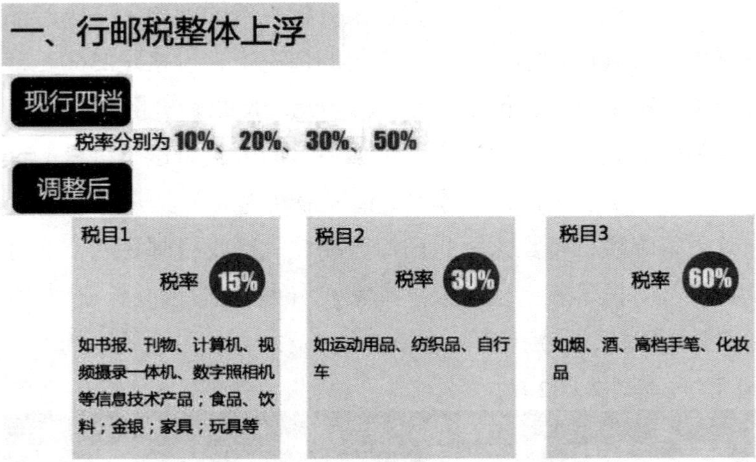

图3　行邮税上浮

具体享受最惠国税率的商品有哪些需要贸易国之间协商制定，这个不具有统一性，可在相关网址查询。购买最惠国税率为零的商品，是可以享受最低的行邮税税率的。消费税的税目主要有十四大类，分别是烟、酒及酒精、化妆品、贵重首饰及珠宝玉石、鞭炮烟花、成品油、汽车轮胎、摩托车、小汽车、高尔夫球及球具、高档手表、游艇、木制一次性筷子、实木地板。

那么问题来了，如果行邮税那么便宜，是不是企业就可以通过行邮税进口一些货物，进而降低企业的税负创造更高的利润呢？

事实并不是那么简单，首先从品类来看，行邮税不是所有的产品都可以用的，其中有着严格的规定。每个海关的操作都是不一样的，比如广州海关，红酒就一定不能用，还有汽车配件等都是不能用的。当然如果有企业通过行邮税进行刷单，被发现后该产品会被禁用。

相反在山东海关化妆品是不能用行邮税的，因为山东海关离韩国近，而韩国的化妆品在中国大行其道，如果韩国化妆品通过低税负进入中国市场，大量的韩国产品将会冲击国内企业，所以保护民族企业是其中原因。

有人可能会问，行邮税那么复杂，我怎么知道哪些产品可以用哪些不可以呢？这里建议大家：第一可以问海关或报关公司或跨境电商方面的专家，不要等商品在国外发货了才去查。第二，关于行邮税，你只需记住三组数字，就可以了解个大概。

第一个数字：50。行邮税应征税费在人民币50元（含50）以下的，海关予以免征，超过50元税额，全额征缴。

第二个数字：1000。每个订单限值1000元人民币，但如果一个订单内的商品为不可分割的单个商品（例如一台电视机），价格在1000元以上也是允许的。

第三个数字：20000。每人每年有限制交易的额度为20000元人民币。

行邮税还有一点是限制的，就是购买的时候需要填写个人信息，因为行邮税只适用于B2C，不可用于B2B，所以需要填写个人真实信息。

三、跨境电商合法经营的保证——跨境电商资质

讲到这里企业家可能会有疑问，怎么才能够取得合法的经营资质呢？其实通过行邮税只能做平台或者是中间商的模式，下面就说说关于跨境电商的资质。

跨境电商资质类型

资质一般来说，分为四种，分别是交易企业、经营企业、物流企业和支付企业。

（1）交易平台，就是指没有直接的进货，只是“搭个台”让给其他企业在上面唱戏，相当于以前的政府搭台企业唱戏那种模式，赚的是抽点费用的钱，这个就是跨境电商贸易电子商务交易平台，例如天猫国际。

（2）经营企业，所有产品都是通过自己的采购，平台和经营都是自己的，换言之它既是球员也是裁判员，从采购到清关到售卖都是自己包揽，这种就是真正的电子商务经营企业，例如美悦优选就是此类型。

（3）物流企业，就是类似海购丰运、顺丰这种企业，自己进行跨境清关，建立海外仓，然后从海外仓收货，到清关、运送至国内客户手中的物流企业。一般来说，物流企业需要在海关内部进驻，就是需要在保税区内注册一家企业才可以做商务物流企业的备案。

（4）支付企业，国内电子商务支付企业不多，首批获得电子商务支付企业的大概有十七家，现在已经增加到二十多家。

所以跨境电商资质要注意两点：第一，不同类型的企业要申请不同类型的资质；第二，每个关区申请资质的条件是不一样的，而且一个资质只可以在一个关区用，例如你在郑州海关拿了一个跨境电商牌照，你的货物只能走郑州海关，如果你想走广州海关，必须在广州海关申请牌照，而且郑州海关与广州海关申请的流程是不一样的。

跨境电商资质的优势

第一，你是个规范的企业，避免了很多法律的风险。

第二，快速透明，因为你公司的账务是与海关直接对接的，整笔货物在海关是处于审单还是放行的状态，都一目了然。

第三，风险降低，包括货物灭失的风险、法律风险等都可以降低，因为你可以跟踪，换言之，资质能够保证你在阳光化、清晰化下运作。

三单及清单传送

想要做好跨境电商，一般资质申请之后，需要做到三单对接，三单对接就是客户下的电子订单、支付企业给的支付凭证和物流企业的电子运单，这个就是三单合一和清单传送（如图4）。

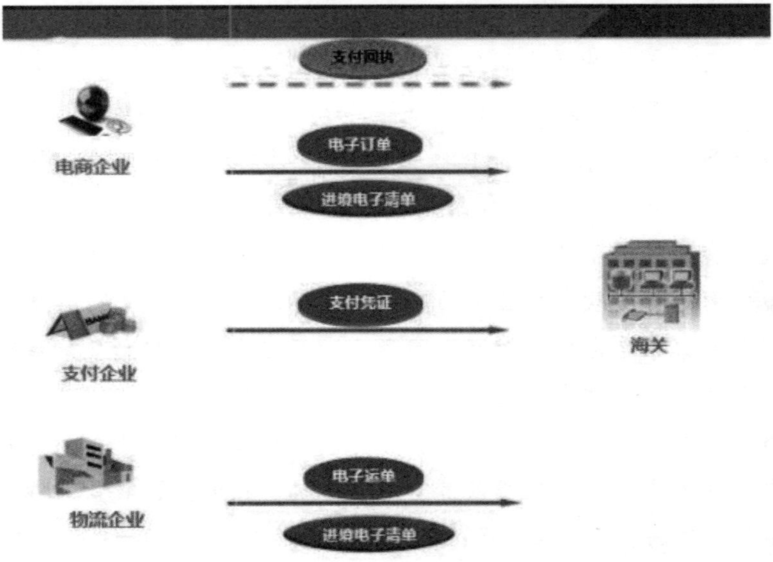

图4　三单传送

最后以一个案例结束吧。这是发生在2015年的例子，进口虾包装上没有中文标签，超市被罚了十倍的价钱。我们现在所有跨境电商进口的产品都是没有中文标签的，那么超市为什么会被罚呢？这个案例向我们预示着跨境电商的很多政策、操作方式和企业的行为还有待我们进一步去了解。

精彩互动

问1：跨境电商面对的税务政策和运营成本状况如何？

答：以往的进出口贸易是按照一般的进出口贸易来进行监管的，一般贸易企业的征税包含关税和增值税，增值税的税率是17%，但是不同商品的税率有不同的征收范围。现在跨境电商实行的关税是行邮税即10%，可以理解为快递个人物品的10%，当然与17%的增值税加上关税相比，差别是非常大的。

问2：跨境电商产品品类机会在哪里？

答：根据中国电子商务研究中心发布的2014年数据显示，服饰鞋包品类占35%，化妆品品类18.5%，奢侈品4%，奶粉21%，电子产品25%，食品4%。总体来讲，鞋、母婴、美妆、进口食品和电子产品是五类主打的产品。数据虽然显示这是跨境电商比较受欢迎的五个品类，但实际还是要看我们是跟哪些国家签订了自由贸易协定，参考这个标准来决定自己要发展哪些品类；也要结合自己手头上的资源，不要一窝蜂去抢热门品类。只要有客户需求，我们就要为满足这些客户的需求而寻找自己的差异化市场，所以哪些品类的机会在哪里，我认为你只要找到你的客户需求市场，供货货源地是不成问题的。

问3：人民币贬值对跨境电商的影响？

答：人民币贬值对跨境电商的出口业务是利好的，对进口业务则有一定损害。跨境电商的不同模式中，直购的模式是消费者选择的问题，因为不是以平台销售和备货模式销售，所以主要是看市价。如果市价是上升状态，人民币贬值就相当于国外产品升值，这取决于消费者选择，对直购的影响不大。

另外，就是对奶粉、纸尿片、美妆品类物品有较大影响。对于大规模企业来讲，因为有外汇储备，所以都比较淡定。所以人民币贬值对跨境电商进口业务来讲其实是考验大家实力的时刻，如果，企业的现金流和外汇储备是良好的话，相信是不会受到太大影响。

问4：各大商家加入跨境电商大战，模式能持续多久，关注成功点在哪？

答：跨境电商大战可以持续多久呢？我认为这两年将是一个大浪淘沙的过程。例如在2015年7月，我国就在制定对跨境电商零售进口税收政策的改动计划，有可能向上浮动。这个过程对企业和“海淘族”都有影响，结合国内消费的刚性需求，我比较认同跨境电商会持续发展，并且会向着良性的方向发展。这两年经过大浪淘沙，优质的国外产品进入中国家庭会越来越多。

关于关注的成功点，我个人归纳了五个要素：

第一，公司的战略规划和商业模式必须清晰；

第二，有良好的供应商关系和优质产品的供应源；

第三，公司有良好的现金流和外汇储备来应对类似人民币贬值这样的财务风险；

第四，必须有相应的专业团队，能支撑企业在跨境电商方面的工作；

第五，对市场营销方向清晰地捕捉。

这五个要素缺一不可。

问5：我有两个欧洲婴儿用品的中国区专属权，是应该先开展E贸易分销还是一般贸易的分销？如果同时开展，怎么制定分销政策使其并行不悖？

答：这个问题有四个因素需要考虑。

第一，我没理解错的话这里“E贸易”应该是指郑州跨境电商河南保税区的E贸易，其实每个关区对于他们经营跨境电商的业务的称呼都不同，郑州叫作E贸易，广州就直接叫跨境电商，而且广州海关有一个专门的跨境电商小组。要走E贸易还是走经销渠道，第一看你有没有在郑州里面去做备案，有没有拿到郑州海关的跨境电商牌照，如果没有就只能走一般贸易。

第二，产品备案。因为不是所有产品都能够通过跨境电商进驻，所以要看产品是否已经在郑州海关备案。如果之前的客户已经把产品A在郑州海关备案，那你就不需走很复杂的流程。但如果之前没有把产品进行备案，那你就要重新走一个备案的流程，当然时间会久一点。

第三，行邮税和关税的比较。因为不同的产品行邮税和关税征收标准不同。如果你能够查到这个产品的税率表，关税只征收10%，而行邮税征收50%，关税和增值税算下来费用比行邮税少的话，那就直接走一般贸易，没必要走行邮税。因为行邮税只能用B2C，不能B2B的。

第四，关于品类的问题。做跨境电商对品类十分敏感。例如，2015年是中国传统的羊年，而中国人对“羊宝宝”不太“感冒”，我遇到的很多企业主都反映羊年小号的纸尿片和奶粉是相当滞销的。所以，如果你做婴儿用品一定要把握现在最热销的产品，所有因素都要考虑。如果把握不了也可以跟相关的行家进行咨询和探讨。

问6：跨境O2O体验店能够存活多久？

答：由于一些咨询项目，我之前也去考察过广州的一些著名的O2O店，对凯撒、JACK&JONES和优衣库的O2O模式也有做了解。但是真正做得好的并不多。因为实体店店员和网站销售的业绩没有挂钩，导致实体店店员会抵制O2O的模式而劝你去实体店购物。做得比较好的是JACK&JONES，他们在微信服务号输入实体店店员的名字，可以将网上销售业绩和实体店店员挂钩。当跨境电商来临的时候，真正的O2O时代就开启了。因为你是通过行邮税的产品，你只可以在线下展示，在线上销售。换言之只要国家的政策不放开，即不允许顾客通过在现场行邮税的模式在现场买到产品，这种形式不改变的话O2O还是可以继续存活的。

问7：跨境电商的牌照如何办理，办理流程及办证难点。

答：关于跨境电商牌照的问题上文也提及了，不同类型的牌照申请的资质不同，不同关区的操作也不同，整个过程是比较复杂的。

问8：哪些产品国家批准可以做跨境电商？如引起客诉或退货该如何处理？如引起经济纠纷又该如何办理？

答：哪些产品可以做跨境电商，每个关区的要求也不同。从时间来看，有一些7月可以做跨境电商的，8月可能又不可以了，所以最好找跨境电商的专业人士或者报关公司询问。但有一些产品是一定不可以做的，例如骨头的蛋白粉，这一类是国家农业部明令禁止不可以走跨境电商渠道的。所以，可以换个角度，从哪些一定不可以做跨境电商的产品来了解这个问题可能会方便一些。

跨境商品的退货要看你是走哪种物流模式。如果是从海外直邮，即BC模式的话，跨境退货比较麻烦，因为把货物退回国外运费已经相当贵了。如果是走BBC也就是保税模式的话，一般情况下可以在保税仓里面换到货。例如，美悦优选在郑州有一个很大的保税仓，只要2~3天就可以帮你把货换回去。引起了经济纠纷的话，一般是跟跨境电商经营的网站去协商就可以了。

第六章

大咖畅谈连锁企业管理与培训

1 从离职原因看企业管理

王元聪

都说招工难，从制造行业的普通工人到服务行业的一线员工都很难招，这是企业用工的入口问题没有得到解决的结果。其实，企业在解决用工入口问题的同时，也必须处理好用工的出口问题，可以毫不夸张地说，出口问题解决了，入口问题的压力也就适当减轻，有时甚至可以避免一些不必要的人手缺口。

企业为何要做离职原因分析

做离职原因分析，一般是为了能客观地了解离职的诱因和直接原因，从而让企业对症下药，解决问题。人才的流失对企业来说不仅仅是损失，更是致命的。因为人才流失削弱了企业的竞争力，强化了对手。高层的流失会带走整个团队，中层的离职会带走大批的下属，核心骨干的离职会带走大量经验和技术，所以人才流失轻则让企业伤筋动骨，重则让企业一蹶不振。因此，了解员工的离职原因，采取有效措施进行防范处理，是企业管理中非常重要的一环。

案例

某连锁中式快餐品牌人才流失削弱了企业的竞争力，强化了对手

基于商业的保密性原则，我在这里称其为A品牌快餐。前段时间A品牌快餐也因为股东股权纠纷闹上了法庭。在2008年的时候，这位股东曾经担任这个品牌的广州地区总经理在离开这家公司之后，创建了另外一家中式餐饮品牌——B品牌，跟他的老东家形成了正面的竞争。A品牌快餐曾经计划于2012年上市，在2008—2009年的时候，我们帮他从麦当劳和肯德基的系统里面招了一批一线高管，其中有人力资源的副总裁、营运系统优化的副总裁，也有采购、品控、IT等职能岗位，甚至连CEO我们都招好了。但因为股权纠纷，CEO始终没有上任，并且，2008—2009年加入的这批一线高管也相继离开了。值得庆幸的是，这批离开的高管后来都没有在餐饮行业继续发展，而是去女装服饰企业做营运高管，所以从竞争上来说并没有对原来的公司造成影响。

如何了解离职原因

了解离职原因，可以通过离职面谈、电话沟通和离职问卷三种方式来进行。

离职面谈是指面对面的沟通，这种方式有利于双方的沟通与

理解；有些全国性企业规模很大，所以不能百分百地实施离职面谈，这时可以通过电话沟通方式进行；离职问卷则是以书面方式进行。

主导离职面谈的人应是人力资源负责人、主管或经理。规模大的企业，人力资源的分工都会很细，因此若不是由人力资源负责人去进行，就是由招聘主管、招聘经理、员工关系主管或员工关系经理去进行面谈。

有效的面谈要遵循四大原则：

时效性原则，这是首要原则，要做到不让面谈沦为一种形式化或做表面文章的面谈；

真实性原则，要做到例行公事，切忌揭伤疤；

开放式原则，要提开放式的问题，给对方留一些思考的空间；

畅所欲言原则，要给双方提供一些私密空间，并且留足够的时间去倾听。

有效的面谈分三个阶段：

准备阶段 准备离职者的离职资料、面谈话题、时间和地点。注意要针对问卷反映的问题进行询问，也要留意时间的控制和座位的安排，可以是斜对面或者并排坐，在比较轻松的环境下沟通，以理服人。

实施阶段 在实施面谈的时候，要注意谈话方式的多元化，不要第一时间就切入主题，可以用轻松的话题过渡后再引入主题。过程中留意员工的情绪，多换位思考，不同的员工采用不同的交谈方式，不要说教、训斥。

统计分析阶段 统计分析就是把交谈内容记录下来，并调查了解内容的真实性。总结报告要及时存档，以便拟定改进的措施。注意事项是敏感问题要避免当场记录，须先核实信息的真实性，通过分析得知离职的真正动机，而不能只听员工的一面之词。

对于离职面谈问卷设计应包括几个方面：

· 对公司的整体感觉
· 部门工作的氛围
· 培训和技能的提升
· 企业文化的建设
· 具体离职的原因
· 其他

离职问卷可以采用问答题或选择题的形式设置问题，例如“你对公司总的感觉如何”“你在工作中跟同事的合作如何”“离职的主要原因是什么”“如果有机会的话你是否还会加入我们公司”等问题。

从离职原因映射出的企业问题

离职原因有很多种，一般分为两大类。

第一大类属于主观类，包括休学、退休、家庭原因、结婚生育、健康问题、出国移民、与上级主管或同事间的人际关系、自行创业、转换行业、另谋高就等，都是在反映员工层面的主观原因。

第二大类属于客观类，反映企业层面的客观原因。包括管理方式、管理制度、资金链断裂、工作氛围、企业文化、工作条件与环境、工作量大、对薪资不满或福利欠佳等。

员工离职映射出的管理制度和管理方式问题。在2012年的时候，中国香港一家快销品牌，也是麦当劳咖啡的供应商之一，因为是家族式的管理，裙带关系严重，存在老员工排斥“空降兵”的现象。当时我们从内地推荐进去的一线高管，有销售、市场、食品维修三个不同岗位，结果全部“阵亡”了。另外一个例子是“俏江南”，一个高端餐饮品牌。2012年的时候“俏江南”准备上市，我们帮他空降了一批一线高管，其中就有一位采购总监，是我们从华润万家挖过去的，但很可惜，他只进去工作三天就离开了，原因是作为一个采购总监却无签署采购合同的权限，这导致了他的离开。

员工离职映射出的制度方面的问题还有很多，如行政管理、薪酬福利、绩效考核、培训制度、学习机会等。

员工离职映射出的资金链断裂问题。华南一家烘焙产品品牌，店铺大部分分布在广州、佛山地铁沿线。2012年的时候因为品牌资金链断裂，上至CEO，下至一线高管，基本上都离职了。现在这个品牌基本上没有直营店，都变成了加盟店。

员工离职映射出的企业氛围或老板风格问题。企业氛围或老板风格产生的离职通常都是一线高管的离职原因，这在民营企业不能说通病，但属于是经常出现的问题。员工离职导致的损失实际上有时候是可控、可改善的。

案例

2013年，一家以骨汤为主打的餐饮连锁老板找到我们，希望找到像九毛九总经理那样的能人担任总经理，帮他操盘。我们给他找了一位能力很强的高管，有麦当劳、永和大王、索迪斯的背景。但这位高管从2013年进入，到2015年五月份离开，坚持了两年都没有与老板磨合成功。他说老板不给权限也不提供资源，全靠他单打独斗，公司里的员工也基本上是从底层做起，从素质、团队的配合度来说也存在很多问题，得不到信任授权，所以做起来很辛苦。

三流企业靠人管理，二流企业靠制度管理，一流企业靠企业文化管理。从离职原因可以映射出企业很多问题，这些问题也可以分为两大类：一类是薪酬福利问题，另一类是企业文化问题。

薪酬福利。无论是高层还是底层，薪酬不仅是企业员工赖以生存的经济基础，更代表着企业对员工价值的评价。反映在企业文化方面就是硬制度、软文化。薪酬体系方面的问题，解决办法就是设计一套合理、有竞争力的薪酬体系，包括两个部分：获利收入、企业福利。获利收入包括基本工资，津贴（餐费、交通、住房、通讯、医疗等），绩效奖金，分红，期权等；企业福利部分包括社保、公积金、企业医疗、体检、节日慰问金、员工活动、年薪假、加班工资、加班调休等。

企业需要根据自身条件设计与不同发展阶段相适应的薪酬与福利。一般结构是基本工资加上奖金和福利，有吸引力、有竞争力的薪资结构基本上是按照这个套路，即“基本工资+津贴+奖金+分红期权+福利”。福利方面，有些公司除了员工本身的福利，还会照顾到员工的家人（如小孩）的医保，这也是有吸引力的部分。

企业文化。硬制度方面，激励政策要与时俱进，做到奖励合理及时，建立员工的晋升机制，提供平台和个人的发展空间；软文化方面，企业管理很忌讳“一言堂”，即下属只能听老板说，只能听命令，没有民主交流，另外就是论资排辈、裙带关系、家长作风严重，开口闭口就是批评，甚至是辱骂员工，这都会让员工产生逆反心理。

企业薪酬与企业文化是留人的基础，不管是职位高低，任何人都会因为这两方面不满意而离开。当然不同的人会有所侧重，越到高层对薪酬的关注度就越低，对文化发展等软文化关注度越高；越是基层的人对薪酬关注度就越高。几乎所有人都对不好的企业文化没有好感。这两个方面企业至少要有一个方面达到要求，才能勉强吸引员工留下来，工资低、管理又差的企业就不要指望留住员工了。

除了客观原因之外，员工的流失还有他们自身综合因素的考虑。如果自身的愿望与企业提供的不匹配，企业不能满足员工需求的话，迟早都会造成员工流失。从大方向来说，不同层次的员工有不同的需求点，高层关注经营理念的统一，中层关注晋升的空间，而基层更关注个人发展机会。高层流失更多的是因为价值观的分歧，越到高层越看重合作、融洽和双方价值取向的一致。高层流失的主要原因多是经营理念和发展方向有分歧、意见不统一，中层多数是遭遇到个人发展瓶颈或遇到职场“天花板”，而基层则多因为发展机会少、能学的东西很缺乏，而选择与公司分道扬镳。

案例

记得在帮一个快时尚餐饮品牌招聘供应链总监时，我们找了很多做供应链的人给到这个老板，最后老板选了一位公司总部在上海、做高端自助餐饮的集团人选。由于他原工作地点在上海，而这个餐饮品牌总部不在上海，这个员工是异地工作，存在一定的不稳定性，并且这个品牌企业很多体制、系统是没有基础的。但他心态非常好，顺利地加入这家餐饮品牌，愿意从零开始搭建。当然他也面临一些挑战：作为民营企业的老板用这么高的薪酬聘请一位“空降兵”，会希望有立竿见影的效果，所以节约供应链成本才是重要指标。

如何从招聘中把关，防患于未然

如果要避免“出口”问题，在“入口”的时候就要把关，也就是说从招聘中把关，防患于未然。这就需要在招聘时了解应聘者离开上一家企业的真正原因、选择加入的动机以及对未来的期望，对关键岗位或者管理岗位的应聘者应进行背景调查。

2012年的时候，我们帮某自助比萨餐饮品牌招聘一位CEO，我们帮他找了一位肯德基的区域经理。在百胜他只是一位区域经理，但到了这个餐饮企业里面就是一位CEO，这从个人发展来说，他是从单纯的营运管理上升到全盘管理这样一个角色。所以，从个人发展来说这是一个很大的跳跃。

那么我们可以从哪些方面了解加入者的动机呢？这需要思考，企业哪些方面吸引到求职应聘者？是因为行业、品牌还是规模？是因为企业文化、领导风格、晋升空间还是福利待遇？一定要先了解动机，了解企业能满足加入者什么需求。

除了当下吸引他的因素，也要了解他对未来的期望是怎样的。包括职业规划、薪资待遇。有时候他一开始接受这个待遇，实际上他还有更大的期望值；以及对企业文化的期许，现阶段是什么样，将来又是什么样，领导管理风格是什么样；等等。这些因素都非常重要。

对于管理岗位，应聘者还需要做背景资料的调查，基本上从两条线进行：一条线是他原公司的直接上级，另一条线是原公司的人力资源部。对于重要或关键的岗位应聘者，背景调查不仅限于上一家公司，甚至求职者的前两到三家公司都要去做核实了解，做到对人选的综合评估。在我看来这都是关于人方面的问题，把人的问题解决了，就能把企业的问题解决了。

作者简介：资深人力资源管理师，全行业人力资源招聘专家，高端人才猎聘谈判高手，问问高级专家。

现任广州拓百利思人力资源有限公司董事总经理。15年人力资源管理和多年市场营运管理经验，善于根据企业的不同发展阶段和实际需求建立相应的人力资源管理体系，尤其熟悉和了解连锁餐饮、零售、快消品和电子制造等不同行业的人力资源管理运作体系。

擅长领域：人力资源、构建企业胜任力模型、连锁行业人才分布情况和人才定向搜寻渠道。

2 好厂家必须懂，如何应对KA年度合同谈判

张驰

我从2000年毕业到2013年一直从事快消品行业，并在世界五百强企业去吸收专业的管理知识。希望这些经验可以有助于我们中国民营企业的发展、壮大。在这13年间，我也有幸到快消品厂家的“对手”那里工作一年半，认真地去学习这个“对手”内部是如何运作的，这个“对手”是谁呢？就是今晚要跟大家讨论的“KA客户”。这篇文章的分享角度，我三要站在厂家，即乙方的角度去讨论，聚焦在KA合同年度谈判技巧的这个细节点。

大润发：大型台资连锁超市

大润发是现今台资连锁超市中，在中国大陆做得较好的一个品牌。以前台资的连锁超市在大陆有两个：好又多和大润发。现在好又多已经被沃尔玛收购了，而大润发活了下来。大润发的开

店策略比较特别，它主攻中国的二、三线城市，在广州唯一的一家店也是开在新塘（广州市的郊区）。2005年，我加入大润发的采购总部。开员工大会时，老板公布了AC尼尔森的数据，显示了当时大润发的排名是“第三”和“第一”。“第三”是指全国超市单店平均销量的第三名，这个排名里，第一名是家乐福，第二名是沃尔玛，这两个均为全球跨国超市连锁，大润发作为一个台资企业，在中国大陆能拿到第三名，算是非常傲人的成绩。而“第一”，则是指顾客满意度，在中国所有超市里面排第一。据我所知，当时中国的连锁超市里面，只有大润发引进了神秘顾客系统这个制度来管理门店。举个例子，大润发的厕所，是我见过的超市里面最干净的。从这个侧面来看，大润发的执行力是非常强的。

当时在大润发，我是从采购部最低级别的采购助理做起，最后成了华南区第一批通过内部考核获得晋升的采购员。任职期间，我基本上每个月都能保持所管辖部门同比增长率在30%以上。在大润发，采购人员的考核除了业绩之外的另一个很重要的硬性指标，就是我们今天的主题：年度合同。

什么是KA

KA是Key Account的缩写，即重点客户，泛指大型连锁超市、基于社区的小型连锁生活超市以及连锁便利店，这三类客户在快消品行业被统称为KA客户。快消品行业把这个渠道称为KA渠道，也有的公司称之为“现代渠道”。相对于“KA渠道”的，是“传统渠道”，也叫“经销商渠道”。“KA渠道”和

“经销商渠道”在特性上相差很大，篇幅限制，此文暂不讨论“经销商渠道”。

以广州、深圳为例，连锁超市、小型连锁生活超市和连锁便利店，这三类客户所对应的门店如：

连锁超市：沃尔玛、家乐福、百佳、华润万家、永旺、乐购、卜蜂莲花、欧尚；高端的如华润Ole’、美式百乐、世纪联华、北京华联、南京苏果。

连锁生活超市：华润生活超市、胜佳超市、兴安超市、东莞的嘉荣超市。

连锁便利店：7-Eleven、喜士多、全家、OK便利店、美宜佳、百里臣（深圳），以及加油站便利店，如加德士、BP、易捷。

在快消品行业，厂家基本上都是“乙方”，超市是“甲方”。合同的甲方、乙方的设置已经决定了，这是一场对乙方来说不好打的仗。作为厂商，每年都要面临与甲方谈年度合同的局面，这是很考验能力的。

“掏口袋”与“捂住口袋”

先抛出一个问题：假设你产品的供货价是100元，与某超市签订第一份合同的合同扣点是20%，也就是说，每卖一个产品，你需要交给超市20元，你收回80元。那么我进行一个简单的推演，从20%的扣点开始加，合同费用对方每年加10%， 那8年之后这份合同的合同扣点有可能变为100%，也就是说8年之后，每卖100元的货，你收回的钱却变为0？你愿意做这样的厂家吗？

我想答案其实很明显：大家一定不愿意做这笔生意，没钱赚嘛。所以，世界上绝对没有一种合同扣点率是达到100%的。也就因为这个，厂家和客户的博弈才会开始，而博弈的最高形式，就体现在双方年度合同的谈判上。商场如战场，对厂家来说，能否赢得这场战争的胜利，很重要的一个衡量标准就是年度合同产生的扣点费用，这个费用的高与低关乎厂家日子过得好与坏，甚至生与死。

当年我在大润发，公司专门聘请了专业的导师进行培训，培训时，导师的领导用了“掏口袋”的例子来向我们采购员灌输两个思想：

第一，永远不要相信厂家的身上只有一个口袋；

第二，厂家的口袋永远比采购员想象得深。

换言之，KA客户与我们厂家之间的博弈，就是甲方想尽办法掏乙方口袋，乙方想尽办法捂住自己口袋这样的一个过程。

回到厂家的角度。KA年度合同，作为乙方的厂家，如何应对甲方永远都满足不了的种种要求，例如：

（1）合同点数年年要增长；

（2）促销费用年年要增加；

（3）账期年年要延长；

（4）新品永远要独家先上；

（5）促销的价格永远要比别人低；

（6）不允许产品升价；

……

面对上面这些问题，该如何一一去应对呢？

技巧一：知己知彼

知己知彼绝对不是凭感觉，而是对本公司、KA客户方面都要拿出真实的数据来分析，通过数据来掂量双方的实力，这需要与自身公司的领导、部门的下属进行充分沟通，去发掘更多有用的数据，看透这盘棋。

对内，你一定要知道自己口袋里有多少钱。预计公司今年的利润情况，今年剩多少，赚多少，并且制定好第二年的费用投入情况以及比例，这是很重要的谈判筹码。换句话说，如果等到与客户坐下来谈开了、对方开价了才考虑这个问题，已经来不及了。

对外，需要收集一些资料，KA客户都有自己的特性，在这里简单提几个例子：

A超市：要求厂商提供的产品是高毛利的。

B超市：要求厂商支持超低价单品。

C便利店：只允许厂家入场他们的拳头产品。假设你有10个产品，它只卖你最好卖的那两个。

D便利店：促销海报内容多且厚，比7-Eleven、全家的厚多了，就像一本书一样。

这些特性必须区分，在谈判中你才能抓住对方真正关心的核心条款。在上面的几个客户中，乙方相应的对策是：

A超市—要求高毛利—对应的，促销费用就有机会压到最低；

B超市—要求提供超低价单品—对应的，可以交换一些不退货的条款和条件；

C便利店—只卖拳头产品—对应的，可以换回黄金陈列位置的机会；

D便利店—要求高频率的促销—对应的，可以得到免费上促销的回报。

简单总结一下，假设你的口袋里装着很多水果，而对方想要苹果，就必须告诉他拿了苹果，就不能得到雪梨了。假设对方又要苹果又要雪梨又要西瓜，那么很简单，可以问他：请问你的手里有多少钱买水果（即谈判筹码）？

另外，在双方坐下来谈年度合同时，制作一份专业的年度生意总结，与客户一起分享、讨论，对合同谈判是很有帮助的。专业的生意回顾除了总结之外，也要分析出一些好的方面和坏的方面。好的方面为什么做好了，能否做得更好？坏的方面为什么做坏了，能不能改进，或是放弃，换另一种方式来合作？讨论的过程就是一个寻找生意机会的过程。这些都要在PPT里面总结出来，PPT做得越专业，越可以把握谈判的发展方向。

技巧二：客情维护

以上我们谈的是公司层面的决策。然而日常跟我们打交道最多的，还是KA客户的采购员。作为厂家，应该怎样去应对采购员呢？很重要的一个秘诀，就是保持高频率的拜访。采购员虽然都参加过专业的培训，但是采购员始终是人，是人就会有感情。并且采购员的工作压力非常大，通过自身高频率的拜访，既可以帮采购员暂时脱离嘈杂的、高压力的办公环境，让他们得以喘口气，也可以借此机会培养双方的感情，让双方的沟通顺畅起来。在这个过程中，通过沟通，对方对你的防备和戒心就会降低，这时是你获得关键情报的机会。与采购员之间的关系，我们可以用

“客情”这个词来表达，即与客户的感情。

在我刚进入快消品行业的时候，我的领导对我的客情维护是有很高要求的。这种要求对我的影响是，在后来我自己带团队时，客情成为我检验下属能力的重要指标。具体来说，我会要求我的下属知道他对应的采购员的许多私隐，例如对方家住哪里、生日日期、已婚还是未婚、家庭成员状况、下班之后的娱乐活动，知道得越多，表示客情维护得越好，越到位。当然这需要一个亲身的验证，可以在与下属出去协同拜访时找个机会跟采购吃个饭，借这个机会去引出一些话题，就可以确定下属所说的是否属实。

技巧三：了解竞争对手谈判进度

在年度合同谈判时，还有一个情报是厂家非常需要了解的，就是你的竞争对手的谈判进度。举例说，蒙牛要知道伊利的进度，可口可乐要知道百事可乐的进度。

在快消品这个行业，年度合同谈判基本分三步走：第一步，业务员把第一关，先拧一拧合同的一些水分；第二步，上级主管把关，再榨干一部分水分；第三步，领导人或者负责人出面，剔除一些超越公司层面底线的条款，再争取对方最大的让步，最终拍板确定合同。

假设第一、二步的工作到位，很多时候年度合同两步就走完了，流程就结束了。我经过的年度合同谈判中，需要领导出面的情况仅有30%，大部分是基层员工和中层主管的工作没有做到位，导致需要领导出面。

回到竞争对手这个话题，如果了解到竞争对手的进度比你慢，你的下一步动作是什么呢？

越是能拖到最后的厂家，离胜利就越近。业内的人都知道，谈年度合同，指标上面是有一个截止时间的，对采购员来说，越容易搞定的厂家，采购员所做的让步一定是最小的。离截止时间越近，采购员越急的时候，他给出来的让步才会越大。这也是在我们这一行，越大的厂商签订年度合同的时间越晚的原因。

技巧四：情报收集的关键——小人物

对于情报收集，有一个很重要的因素必须了解，就是在KA客户那一边，你和你的竞争对手之间的排名。例如，谁在KA客户那边的销量高，谁的配合度高，谁投入的费用高。这个情报，也决定了你最后出招的方式和方法。

那么，怎么去了解呢？这是行业机密啊。直接问采购员吗？你一定得不到的。在这里给大家一个提示，关键是身边的小人物，他对你收集情报的帮助可能是巨大的。当你表露出对采购员身边的小人物（例如采购助理）足够的关怀或者帮助的时候，他可是愿意为你做出一定的牺牲或者冒险的。所以，当你送礼的时候，也请你准备好“小人物”们的那一份礼物。如果你连送礼都送不出去，你就赶快提高客情掌握的能力吧。

技巧五：做好最坏打算

既然是谈判，就有可能面临谈崩的情况。

就算技巧运用得再完美，也是有可能打败仗的。失败原因有很多种，可能是竞争对手的出价比你高，也可能是KA客户的合同条款超越了你们公司的底线，你必须放弃。就像投标一样，每一次投标都会有中标者和淘汰者，在KA年度合同谈判的时候，如果等失败了才去想办法、找退路，那肯定是来不及的，会造成被动的局面。

举个例子，假设你和家乐福谈崩了，你必须靠沃尔玛和永旺去把家乐福失去的销量接过来。但是，接得过来吗？这个是需要事先考虑的。当初你预计投放给家乐福的费用，转投在其他的KA客户身上，能产出一样的销量吗？如果不能，有其他超市作为替代者吗？这个你要有准备，最起码要有心理准备。

最坏的情况不是指先亏本以继续合作，日后再找机会涨价，把亏了的差价再追回来，这个是谈判策略，不叫“最坏打算”，最坏的情况就是合同谈崩了，退场了，结束合作了。最坏打算，一定是要有承担失败结果的具体做法。

其实市场上的分分合合是很常见的，哪怕大牌子，也有与KA客户谈崩的时候。

加多宝当年就曾经在家乐福退场，家乐福卖的售价太低了，引起全国的KA客户的投诉。景田矿泉水现在在某便利店是没得卖的。但是他们的市场表现却并没有因为退出这个重要的市场而萎缩，现在甚至还推出了景田纯净水这个系列。

我还在大润发工作的时候，雕牌洗衣粉这个牌子就因为错误地估计形势，以为自己在大润发的销量排名只是屈居在宝洁之后。因此在商谈年度合同的时候，雕牌厂家就与大润发抗衡到底，结果被大润发清场了，陈列空间、销量迅速被竞争对手立白占领，当雕牌看到形势不妙的时候再重新谈入场，就已经元气大伤了。

精彩互动

问：KA客户是否固定每年一签？

解答：因为KA客户为甲方，所以都是一年一签，为第二年提高点数做准备。如果厂家做得好，开价就高，如果厂家今年做得不好，就要进行清场。毕竟商场陈列空间有限，与电商平台的来者不拒不同，KA 客户必须考虑用有限空间创造最大利润。

总结：每个商超系统不同，年度合同扣点、账期、返利及要求不同。像康师傅方便面在谈年度合同时，比较轻松，小公司则难度较大，当然与公司指派谈判人的能力也有关。

作者简介：资深企业管理咨询顾问，问问科技高级专家。

10年KA行业经验，KA渠道实战家，有丰富的销售团队管理经验，对新品上市、年度合同谈判等一系列销售环节的问题，拥有完善的解决经验。曾供职民营、港资、台资、外资等各类型企业，熟悉各种企业内部操作流程。通过经验积累，从基层一步步迈向职业经理人的亲身实证，现已成功转型为职业的企业管理咨询顾问。多年采购总部经验，熟知卖场内部流程及操作方式。

擅长领域：新品上市、年度合同谈判。

3 连锁终端——店长的工作效率与目标

赵连军

在整个连锁和业务体系中，门店经营是连锁事业能不能持续增长和做长久的关键。现在我们就从一个小的单元来探讨：店长如何找到自己的工作动能并明确自己的工作基准？这点做好了，店长的工作效率和工作产出就能够大幅度提高。

店长的目标

动机·信念·使命

很多人说：我为钱而工作，我为工作而工作，也有人说我暂时没有工作，只想在这个地方混混日子，然后当一当店长，作为一个跳板达到其他目的。不管是什么原因我认为都情有可原。

那究竟有没有正确答案呢？其实从工作动机上讲，东方和西方不太一样，西方人的工作动机完全是工作和基础价值观的平衡交换，而东方人的工作动机更多是从内在驱使自己达成目标。所以，很多店长的工作动机都是正确的。但是如果一个人仅仅为了生活和金钱而工作，就显得动力不足，也无法持久，更无法使自己变得卓越和优秀。担任店长为了弥补家庭开支、日常社交、学习费用和养活自己不是难事，但是想做得更好，想让他的人生过得更加有意义、充实，那他的工作动机和目的要更远大，更与众不同，更有意义，这个核心就是信念。店长想做得优秀和卓越就看他有没有一个持久的信念——工作是为了让自己幸福，也让自己的亲友、家人幸福。

这几年我们发现服务业门店的压力非常大，其中一个很严重的事情，就是人力资源问题：90后和00后员工工作时间不长，公司的中高层、店长这种人才也不易得，成本高。所以，要做好门店，让你的生意能够兴隆，对店长的管制和开发就非常重要。

很多时候我们会听到在不同的企业有同一个声音：我来这工作是因为老板对我很好，非常认可我，所以我愿意全力为公司服务，当老板的左右手，为老板冲锋陷阵。我个人认为这是职场上的伪善，叫言不由衷，因为人本身是很自私的。《原始的基因》认为自私的本性存在于人这种动物的基因里面，自私是人的本能。所以其实我们工作主要还是为了自己、亲友以及家人。人做事不能违背自己的本性，出于本性把工作做好，这就是根本。

那店长如何把自己的工作做好？有一句话叫“焦点利众，众人成全，焦点利己，众人破坏”。如果凡事只考虑自己，那就什么事情也做不成、什么目的也达不到；凡事以他人的利益为根本，先考虑对方的快乐与舒适感，那么自己的获利目的将最终达成。

若店长手里面有顾客、员工和资源，如何才能让自己幸福呢？

对于顾客，店长需要不断给予支持，因为顾客有了支持就会反馈给你营业额，这样就有助于你的利益扩大，帮公司、平台、门店赚钱。这是店长的价值之一。

对于员工，店长需要对他们进行教育、训练，让他们的能力、思维、做事标准不断提升，成为人才。使一个人发挥3～5个人的价值，发挥基层管理者的职能，这就要求店长们思维的广度、潜能超过普通员工。好的员工对顾客的支持自然也就更多，这样门店收到的回馈也更多，能增加利润和营业额。

除了这两个重要的经营资源，财务、资讯、物料、设备、资产也是经营门店的资源。对外不断提升对顾客的服务，获得口碑支持、回头率，对内对员工又进行培训教育，这样一家店就会变成三家店，三家店就会变成无穷多家店，或者店数保持不变，但利润增加。

由此我们可以得出：人要成就一份卓越，必须要有卓越的信念作为内在驱动力。每个店长水平有高低，但成功的店长都有一个共同点：有强大的信念，远大的目标。

为达到目标，店长需要具备的素质

一是手段和目的，二是能力，三是如何进行能力的开发，四是明确自己的待遇。

目标是最终的追求，手段是桥梁，促使目标达成。任何一个店长，能力再强，手段再高，经验再丰富都无法独自领导你的平台、公司、门店，使能力发挥到最大化，因为现在不是英雄时代。店长要达成目标必须通过顾客、员工，因为要让顾客得到最大的满意，才能保障门店的利润，让员工不断成为人才，才能让顾客得到满意。这两个核心是店长开发资源和掌控门店的金钥匙，逻辑关系重点在管控上。我认为店长要对这两种资源有所侧重，明确他们是如何运作的，二者若缺一都会导致门店不能达成业绩提升、利润不能增加、营业额不能扩大，也无法实现作为店长自身的价值。

现在的企业对团队的投入越来越少，比如在员工餐、住宿、福利和旅游等方面不舍得投入，但又希望员工全力以赴、加班加点地为企业工作。这违背了一个核心——支持员工过得快乐。若员工在工作中无法获得幸福感，就不会更好地去服务顾客，导致顾客无法支持门店，最终使利润丧失、市场萎缩、营业额降低、门店关门。如果总经理或营运高层通过掌控店长进行管理，店长不断地把力量投向基层，且通过对员工进行培育从而提高顾客满意度，那么最终这种力量将反馈到顾客身上。这所有环节中店长扮演着十分重要的角色，如果店长表现不好，即使有机会升到更高的职位，拿着店长的薪水也不具备店长的能力。

一个人做事情的态度反映他做所有事情的态度，如果一个店长的目标就是挣钱、挂头衔，那他不会有太大的贡献。优秀的人放到什么地方都会很优秀，都能把工作做好，无能的人放到哪里都没用。

优秀店长必须具备三大能力：一是公众演说，二是数据统计，三是员工培训。

公众说服力也就是领导能力，指的是驾驭、复制别人的能力，这要求自己要很优秀；对于数据，只要你会简单的加减乘除，再稍微用点时间去学习，基本上任何一个门店的经营数据分析表都能看懂，也能做出来。除此之外，店长要想把门店做好，必须持续加强员工的训练，激发员工的潜力，确保经营的底线始终螺旋上升。

店长除了要有能力之外还要具备三个条件：一是要有好机会。没有机遇，就算他本事再大也是白搭。二是把不是机会的机会通过自己的努力变成机会，持续放大这种力量。很多人都是在企业很低迷的时候通过自己的努力做到业绩非常突出，成为非常有名的人。三是明确自己的待遇。

门店管理要做哪些事

一个门店里面，店长要负责员工的生活食宿、设备物料、清洁标准、客户维护公关、产品生产、新品开发、促销活动、经营统计、工作计划、排班订货等，那店长该如何找到工作的发力点并把工作做到最好呢？

一是任何管理先从做计划开始。计划包括日计划、月计划、季度计划、半年度计划。我做万达店长的时候，不管发生什么事情，工作计划一天都没有落下。不能以任何理由放弃做计划，放弃计划就意味着管理没有发力点，这样就会随波逐流，只能等出了问题才救火。二是执行，按照计划的步骤做好执行。三是确认，在计划做出来且执行了之后要对好的与不好的进行分析，找到改进的方法弥补中间的差异。四是把现状和目标进行差异对比、分析，改进后再做下一个计划改进或提升循环。不断确立新的标准，不断优化，每隔一段时间对营运现状提出改进措施，优化后变成对顾客的反馈，这就是管理的根本方向。

案例

某门店目标营业额是100万元，完成的方法有很多，比如通过统计每天的营业额、来客数，以及通过费用控制、顾客回头率提升、店面促销、员工培训等来保证这100万元。定下这个目标后，若这个月客人客单价为100元，那么来店的总数就得达到1万人。如果过了一段时间后，目标的达成率是80%，那么剩下20%的部分就得冷静思考。要使营运目标不变，在来客数不能增加的情况下，只能要求人均消费再增加40元，这就要店长对员工进行一系列的培训。比如，推荐每一位顾客多点一道菜或多买一件商品。

“哥弟”服饰员工的销售能力非常强，他们的销售人员每天有6～8个小时用来做衣服搭配的训练，每天会交出10～20款的搭配方案。店员对任何走进门店的顾客都会进行促销，把相关搭配产品卖出去。

服务加上良好的销售技巧能让顾客多买产品，门店作为一个以利润为根本的载体，获利就是根本目标。管制就是对员工进行推销训练、监督辅导，让员工通过操作的方式让顾客感知。

店长在管理方面有两个核心、两种模式。

管理核心一，没有计划就没有管理。任何一家连锁企业或品牌公司的门店店长，如果想在经营业绩上有所改善，必须要善于做工作计划，记住工作计划不能是被强迫去做，而是要主动去做，当店长把这种行为变成习惯的时候就不会再怕麻烦。做好计划是管理的第一步，之后再进行“计划—执行—确认—管制”。这几个手段需要进行轮番的循环来促使门店的营业额、顾客的支持度不断提升。

管理核心二，没有标准就没有管理。一个店长进入门店不知道管什么，原因除了没有计划外，也没有标准。没有标准，做任何事情都会没有时间限制、没有步骤、没有数量、没有规范、没有制度。在这样的状态下，无从管理，只能不断地救火。所以，店长要想做好店面经营，就要不断地建立标准，不断固化，并要学会捍卫标准，不妥协。

有的老板和企业家说我不在乎也不需要定标准，我的员工都干得很好，我们店长也很忙碌。在这样的前提下，我只能说：你没有标准，短期会没有问题，但在三五年后必然会出现大问题，也可以这样理解，一家店、十家店没问题，但是十家店以上问题就很大了。建标准并不是为了眼前，没有远见就不会强化标准化管理的根本和核心。

管理模式一，结果反省式。我见过很多数据统计做得非常好的企业，几十张报表，甚至每个月还有一个月度“经营分析会”，分析完还会探讨上个月做了什么，为什么差？但这都停留在只是看数据，讲数据，讲完数据之后没有下一步，也从不思考这个月与上个月的差距该怎么办。这种“结果反省式”的经营模式会让大家反思检讨、痛哭流涕一番，但最后对于下一步没有任何用处。

管理模式二，中间修正的经营模式。比如这周经营不好，就马上通过分析上周的不足来探讨下一周该怎么做，制定措施以达成下一个月的目标。这种方式就是二次经营模式。

案例

若公司定的季度目标是75万元，这对经销商来说可能要进行处罚才能完成，但自动型进攻店长会自主完成。自动进攻型店长会按照75万元的目标承诺，并通过对75万元进行分解，及时通过全员努力至少会达成60万元或者65万。这种就是自动进攻型店长，要重视、重用、加大培养。

你属于哪种层次的店长

在我们的生活中店长的层次是不一的，就管制、计划、确认、执行这四个环节里边每个店长的侧重点也不一样。我把店长分为四个层次，这四类人能力不一是因为业务能力的全面性不同。

低层次店长只会执行，你让他干什么就干什么，一不思考，二不自动反馈，三不和你确认，我们一般认为这种层次的店长就是领班层次的店长，挂着店长的名，其实能力和思维以及他的自动性远远达不到店长的要求。

第二个层次的店长会和你沟通确认这个事情该不该做，也会问下一步要干什么，但问完就去执行去了。比如，他能发现员工情绪低落，然后报告给你，他这样做是因为自己没有方法也不主动去解决，只是把问题抛给你而不会把改善后的结果告诉你，这种店长一般称为“看门级”店长，换句话就是守店的。这种店长创造的收入基本上是“望天收”，天气好，生意就好，天气不好生意也不好。

第三个层次的店长会做计划，也会反馈。这种店长一般来说在门店里边比较突出，占了50%~60%。当员工有事情发生的时候他能冲到前面，但当店面出现营运不好的时候，他基本上会立足于说：天气不好、季节不好、周围的生意都不好等原因。这种管理级店长是独当一面的管理者，但是实事求是，还不是理想的店长类型。

店长应该突破这种能力，要思考：当现状不好，而公司又要求完成目标，而他最终没有达成时要做什么，如何挑战自己，如何让公司下达的任务100%都达成？这种店长手里事情的完成度都是漂漂亮亮的，公司下达的任务别人完不成，就他可以完成。这种战将就是第四个层次的店长——“管制型店长”，既会计划也会执行，还会确认、反思，并找到方法督促行动，形成战果，我们应该培养这种类型的店长。

店长在掌控门店过程中的立脚点非常重要，有三大职能可以帮助你找到方向感和动力感，这三个职能店长应该看作是重中之重。

第一是修正计划与实际数据之间的差距。比如：公司定的60万目标到剩下最后一周时间你只完成42万，那么如何完成剩下的18万呢？这是店长的第一职能——保证经营业绩的提升和整个业绩数据的改进。

第二是修正标准与实际状态的差异。当面对很多状况，例如，服务下降，产品的劣质品和消费者的投诉增加，员工做清洁的程度下滑，以及闭店的时候忘记关灯时，店长的第二个职能就出来了：不但要捍卫标准，而且要在这个基础上提出新的标准，不断修正标准和实际运营状态之间的差异，让运营标准提高。

第三是进来的员工未必都是完美的，要持续进行训练。前几年很多品牌（包括麦当劳、肯德基）都说现在不好招工了，1.65米以上帅哥美女几乎招不到，甚至年轻一点的，30岁以下的有时候都不好找，就算招到了由于工资问题也干不长。面对餐饮店很多员工没有丰富的经验的问题，如何让员工变得优秀，再提高他们的能力，对他们进行开发，进行技能、思想、素养的复制，这就是店长的第三大职能。

店长是公司的中流砥柱，掌握了直接的终端，决定公司能不能获利和扩张，是拓展事业的关键。优秀的店长要不断在经营上、标准上、员工的培育上有所建树，这样的店长才会越做越好！

作者简介：卓亘咨询CEO、连锁问问特邀专家；

上海万隆咨询集团连锁专家/顾问；

中国快消、餐饮连锁最具实效性企业家导师；

NLP执行导师/国际职业训练师。17年连锁业（可口可乐、万达集团、王品集团、简朴寨餐饮等国际国内一线企业）总经理，实战操盘，践行和见证多家企业品牌1000余家门店的孵化、成长、转型和突围之路，积累了丰富的实战管理经验。自2007年起参与公益演讲30余场、培训服务客户500余家，举办大型专业公开课50余场。曾在《东方企业文化》杂志发表专栏文章。

4 如何巧妙处理顾客的抱怨

曾卓荣

你抱怨过吗？你以何种方式来表达并发泄你的不满？在买不到如意产品或感觉被冷落的情况下，人们通常都会通过一些方式来表达不满，以获得心理上的平衡。即便是一个内向的人，也可能通过沉默或者不再光顾的形式来表示自己的不满和愤慨。

顾客投诉和抱怨在服务行业中是很常见的事情。但服务人员往往不愿意去面对顾客的投诉和抱怨，甚至不愿意去了解，哪怕只是简单的异议和不解。因为处理抱怨的确是一件吃力不讨好的事情。能够迅速并妥当处理好顾客的抱怨问题、把原本满腹牢骚的顾客变成最忠实的顾客，甚至变成朋友，这是每个企业都应关注的事情。

投诉者的类型

第一种是情绪激动型。这种人会尽量发泄不满，并常常以夸大其词来博得他人的同情，混淆他人的判断，所说的跟实际情况并不相符。

第二种是冷静型。这种人会很有耐心地诉说所发生的事情，同时也会很留意他人的反应，必要时会提出进一步的要求。

第三种是无声抗议型。他虽感觉不满却不会说出来，但很可能下次就不会再光临你的店了。

现在一起思考以下的这些问题：抱怨是一件坏事吗？处理抱怨是不是要尽可能地去让步呢？接到投诉是否尽可能不让公司知道？为什么有些顾客不抱怨？一个顾客的价值是多少？你了解公司在这方面的政策吗？

抱怨是一件坏事吗？

不，抱怨代表了机会。据专业数据统计：不抱怨的顾客只有9%还会再来；会抱怨的顾客有15%会再来；抱怨迅速能够得到解决的有84%还会再来。顾客抱怨可以有发现问题、改正问题及锻炼自己的机会，同时可以挽回顾客，这种机会非常难得。

面对抱怨是不是尽可能地去让步呢？在我们不清楚顾客的目的和还没有使顾客的情绪缓和之前，让步只会让个别顾客觉得有机可乘，因为你连他的基本需求都不知道就马上让步。

案例

一位沈姓顾客在某商场购买了某品牌的水饺，回家食用时发现水饺里面有玻璃，于是他对商场提出赔偿要求：误工费300元、食品卫生费300元、车费100元、精神损失费300元，共计1300元。并表明商场如不接受，他将投诉到消费者权益保护委员会。对于这个投诉很多人的想法是：越快解决越好，在公司知道之前答应他就是了。但这家商场是这样处理的：首先公关部的同事立即向顾客道歉，了解并记录顾客投诉的经过和原因；接着致电该水饺的厂商，让厂商和顾客到店直接协商解决。厂商拿玻璃回公司去检验分析后，认为这是顾客骗取钱财的手段，属于欺诈行为。商场得知后马上请厂商出具公函证明，证明该投诉与商场没有任何关系，表示所有问题将由该水饺厂商全权处理。

对于持“尽可能不让公司知道这件事情”观点的人，你应该知道其实纸是包不住火的，而且对于“受益”的投诉者，过了这次，下次可能还会有制造投诉的可能。处理投诉该不该让公司知道？自己能承担的可以不让公司知道，不能承担的应该告知公司。但最后都应该做好记录，对顾客的投诉进行归档（作为教育培训系统的例子），让公司能从一个投诉案例中发现问题，然后引以为鉴，避免相同的错误再次发生。

为什么有些顾客不抱怨

有的顾客认为不值得浪费时间大吵一场，特别是对于一些认为自己很有身份的人，他们认为跟别人吵架很不好；还有人是不想树敌或认为抱怨本身不太好；有些顾客则是因为不知道怎样去投诉，也不知道通过什么途径、找谁进行投诉。据调查：100个非常不满的顾客当中只有4个会抱怨，91个不抱怨但也不再上门，5个会勉强再来；1个不满意的顾客会转告给8个至10个人；不满意而抱怨的人中能够当场解决问题的，有84%的顾客会再次光顾。和顾客沟通是商家主动发觉问题的好方法，可以通过一对一的当面交谈、随机电话访谈、配合广告宣传单提供附有赠品的调查表、设置意见箱以及在产品包装上附贴意见表等形式进行沟通。

顾客通过什么渠道进行投诉？我们营运的终端门店是顾客最容易产生抱怨的地方，而顾客抱怨的处理流程有很多种，包括面对面、电话联系、书信回函等方式，这些结果应该都要入档保存，以便大家能够迅速掌握顾客投诉抱怨的缘由，从而妥善处理其他抱怨。

一个顾客的价值有多少呢？顾客会常常在店里购物吗？每次花费多少钱？一年花多少钱？一个满意的顾客可以使店里增加多少个顾客，增加多少营业额？一个不满意的顾客会使店里一年内少了多少顾客，少了多少营业额？顾客是否满意对公司是有影响的，满意等于公司的美誉度上升、顾客忠诚度上升；不满意等于公司美誉度下降、顾客的忠诚度下降，导致我们的顾客会转到我们的竞争者那里消费。

顾客抱怨产生的原因

商品不佳：

· 商品品质不良；

· 商品的标识不全，例如没有做明码实价；

· 商品制造有瑕疵，例如餐饮业出现某些产品图片跟实物不符，商品包装有问题；

· 商品有破损或者污迹；

……

服务不佳：

· 不守承诺：承诺会送的东西却没有送；

· 金钱上的疏忽，例如某些打折或“买二送一”等没有兑现；

· 解说不清楚，没有具体、清晰地陈列产品特性；

· 标示与产品不符；

· 服务人员应对不得体，哪怕是用本来的样子应对，但是不礼貌让顾客难以接受也属于服务不佳。

作为公司的人员，每个人都代表企业的形象，都是活广告、活宣传。怎么降低抱怨概率？需要服务人员做好以下部分，例如：

· 接待者的仪容大方得体，服务周到；

· 有关键的问候及适宜的应对，不夸张、不畏惧、不卑不亢；

· 关心产品的品质和出餐的速度；

· 适当安排客满、高峰时的顾客；

· 维持店面的整洁；

· 对顾客问题的反应迅速作出答复；

· 顾客离店前进行欢送和寒暄。

处理抱怨三大绝招

绝招一：掌握处理抱怨的流程

第一，冷静。对于处理顾客的抱怨，我们首先要保持冷静。人一紧张就容易头脑短路，短路就不会思考，甚至连客人说的话语都听不清楚，加上有些客人不会把心中所想直接告诉你。所以，要保持冷静才能更好地聆听。

第二，专心聆听。懂得听是一种本事，有些顾客不会直白地说明不满，这就需要听出顾客的言外之意，那是最高境界。

第三，表示理解。对顾客的想法表示理解。

第四，表示歉意。表示歉意并不是对投诉者说“对不起，我们的产品变质了”，表示歉意应该是：道歉不认错。这是一个小小的技巧，大家一定要知道。具体话语可以是：

先生/女士您好，这次您消费体验出现这样的情况，实在很遗憾，在这里我向您道歉！

这就是道了歉，但并没有说明是什么情况，也没有直接说错在哪里。直接认错的说法是承认顾客吃的东西是变质的，例如：“先生您好，您刚刚吃的东西变了质。”对于不认错，这是一个小小的锦囊：道歉很关键的是态度，态度诚恳会获得顾客原谅的机会。

第五，在解决问题的时候让顾客满意。出现问题了首先要想如何在顾客不满意的情况下去做满意度？迅速把问题解决还是提供很好的解决方案？

第六，避免同样的问题再次发生。如果顾客总是投诉相同问题，管理者要更加关注、重视投诉者，免得他有接二连三的投诉。

绝招二：掌握应对顾客投诉处理的技巧

第一个技巧是：保持冷静，控制好情绪，不要受顾客的态度、语言影响。要明白顾客抱怨并不是针对你，当顾客抱怨的语速很快时，你可以以稍慢的语速来应对，也可以先让顾客冷静，不要让顾客的态度牵着你的情绪走。只要你没有跟着他的情绪走，你就可以冷静地去处理投诉和抱怨。

对于公司和你而言最重要的是什么？是顾客。顾客不必靠我们，我们却少不了他们；我们不能选择顾客，但顾客可以决定是否选择我们；顾客不是打断我们工作的讨厌鬼，他是我们工作的目的和全部，我们工作就是让顾客满意，让自己获利，顾客是最后的裁判，顾客是我们真正的老板！

第二个技巧是聆听技巧：不要辩解，不要推卸责任，让顾客发泄不满，听清楚投诉问题之所在，再去略做解释。好记性不如烂笔头，注意在处理投诉的过程中要记录相关的人、事、时间、地点、发生过程和涉及的物品等细节。

第三个技巧是表示理解，将心比心地体会顾客当时的感受，坦诚进行沟通；关心对方的内心感受可以令对方感到自己很重要；让顾客知道你明白他的感受，他会更乐意跟你配合。

第四个技巧是表达歉意：只道歉不认错。先体会顾客的感受和不满，然后代表公司向顾客道歉。

第五个技巧是让顾客满意的技巧。这个是最值得关注的部分，看公司给你的授权是多大，根据自己的工作和职位定不同的做法。一是提出适当的解决方法，让顾客满意；二是征询顾客意见，寻找双方满意的解决之道；三是先安抚顾客，并请主管、有关部门出面解决。有能力的人，公司给予你的权限只有一，但你可以解决问题二或三，或更多；有能力的人，不是什么问题都找上司帮你去解决；有能力的人，可以训练好员工，帮你解决好本属于你要解决的问题。

最后一个技巧是：避免同样的问题再发生。调查问题发生的原因，修正错误的程序及因素；将问题反映给主管、有关部门、员工或同事；整合群体经验，放入公司的教育训练系统，作为案例。

绝招三：处理顾客抱怨的原则

·以满怀关心、略带亲切的言行面对顾客；

·保持适当的谈话距离；

·将顾客带离人群，防止事件放大以及产生不良影响；

·专心聆听并记录其人、其事、其地、其物；

·用自己希望被对待的方式去对待投诉的顾客；

·不要责怪其他同事，先解决问题；

·不要与顾客发生争执。

在平常的工作过程中，员工的培训是非常重要的。对员工的培训可以以“角色演练”的方式进行分组讨论、研讨对话、角色演练。比如，安排一组员工作为顾客，另外一组做服务人员，进行角色演练，其他伙伴作观摩、总结分享。做得好的一起学习，有不足的地方一起指正，力求做得更好。

如何处理媒体交涉事件

现在是开放的时代，经常会有媒体交涉的事件发生，那么应该如何面对媒体去进行某些交涉事件的处理呢？这里有简单的技巧：

第一，无论是事出突然还是事先得到通知，都应该谨慎处理，保持冷静，设法缓和紧张情绪；

第二，确定对方的身份，包括单位、职位、姓名、联系方式等，切忌用不尊重的语气和态度对待来访者；

第三，了解对方来访的主题及访问目的，然后反问对方。反问是一个小技巧，大家要懂得去反问对方；

第四，如果对方是突然来访的，告诉记者，你不是发言的合适人选，请他留下联系电话，你们将会联系公司的发言人跟他再约定合适的时间做进一步的了解和沟通；

第五，如果对方是应约来访的，但公司派的发言人或接待人员不在场，告诉记者，你不是合适的发言人，公司发言人正前往接待，请记者稍等，安排其在独立、舒适的空间，跟进相关的服务；

第六，联络主管，告知记者来访的主题或访问的目的、对方的身份及基本的情况等；

第七，切记：少说多听。

处理投诉的做法一般是：以最快的速度、最低的成本、最低的影响去解决顾客的投诉。其实在处理顾客投诉的过程中应怎样去处理并没有绝对的方法，处理者应遵循抱怨处理的原则，然后按照顾客的实际需求、事情的发展状况、公司给予的权利等，顺应情势不断地转变处理技巧，在顾及公司核心利益的前提下，尽最大的努力令顾客满意。

没有营运人员喜欢处理投诉问题，但是当问题出现的时候，门店的最高当值者必须第一时间去现场直接面对，因为如果其他伙伴处理不好反而会把事情越弄越糟，更难收尾。不要把对其他的投诉引入对人的投诉（比如服务、态度），这是无法去用金钱来衡量的。投诉解决没有完美，解决投诉和抱怨属于善后的运作作业，但如果能够彻底得到改善就等于培养了忠诚顾客。当然投诉处理得再好也只在事后，在事前去做好准备，避免投诉、异议、抱怨的产生才是我们最该做的工作。营运部工作人员包括老板、高管都应很重视梳理顾客的抱怨投诉，要注意因时、因地、因对象、因情形地去把控，灵活处理。

我坚信：输了你，赢了世界又如何？切记不要跟顾客吵架！争吵即使让你在言语上战胜了顾客，但绝对也会使你输掉一片天。祝大家成功驾驭好顾客投诉，使危机变成更多的机遇，让你的企业在顾客投诉中成长，赢得更多顾客的依赖和信任，赢得更多的口碑和生意，赢得更多的认同和尊重！

作者简介：连锁营运管理专家，连锁店铺系统建立专家。现为问问连锁商学院负责人。

在酒店、民营、中外合资的企业服务超过23年，曾训练超过1000名店长，门店开发超过100家，是中国餐饮服务的高级技师。曾就职于广州市绿茵阁餐饮连锁有限公司、武汉兰荷轩餐饮管理有限公司和咖啡陪你管理有限公司。

擅长领域：餐饮。

5 如何科学地创建个性化的营运手册

周其高

创建之基础依据

在企业管理过程中，管理是有一定模式的，而经营没有固定模式，是个性化的存在。个性化的经营模式让企业呈现多维度，同时也成了企业的核心竞争力。

那么究竟怎样的营运模式可以体现在整个运营体系或者日常的工作中，能表达企业的个性化和企业的核心竞争力呢？这个模式就是：制定个性化的“连锁营运手册”。个性化的连锁营运手册的创建，是在企业组织里，由一群具备经营意识或者与企业一起成长进步的一线人员去组织协调编写。个性化的连锁营运手册是企业经营的核心竞争力，可让之后的店长有学习的标准，便于培养管理型的店长。

连锁经营的基本思路有“一个中心”和“两个基本点”。一个中心是提升营业额，两个基本点是全年节日营销和新产品营销。围绕一个中心和两个基本点来定位核心的部门，并以此创建核心的竞争机制，同时确定其他辅助的部门，比如生产、运输、财务、行政等，让企业更适应市场的发展。

连锁店是终端发展在一定阶段内以一个特定模式存在的，所以在市场经济下的企业，如果不把经营的本质确定为业绩，不把提升业绩作为核心（一个中心），没有发动全员参与等等，那么企业就会缺乏发展的动力，尤其是作为创业型阶段的企业是很危险的。如果没有把业绩为王的本质确定下来，那就得在文化导向或其他层面上下功夫，但从经营的角度来看，业绩是企业的核心目标，如果把其他的服务、文化等的体验作为一个阶段的进展，那很多工作最终也是为了业绩的达成。

在烘焙业，按照一个中心、两个基本点的思路来经营公司很有必要。

中秋节是烘焙行业的一个重要节日营销点。整个节日营销的高峰期是在中秋节，在中秋的高峰之前，有很多相关的节日，如过年之后还有五六个节日。要想把全年的营销拉到最高峰，在中秋之前是有很多工作需要策划的，这是公司全年节日营销中必须要考虑的重点。等过了中秋节后，这一要点就可以列入公司下一年的工作准备。中秋过后的节日我们也可以用比较轻松、平和的策划力度去铺开。

新产品的开发贯穿全年营销，节日营销推进新品销售，引爆潜在顾客，也可以引导消费，培养新的顾客，是很好的营销手法。

新产品的开发共分三类：第一类是针对整个行业，属于常规产品的研发；第二类是本公司的特色产品；第三类是针对竞争者而做的研发。

创建步骤

创建企业个性化的连锁营运手册，必须以一个中心、两个基本点为基础，因为这是一个以打造五星级状态为目标的营运手册。它包括五个方面：顾客服务状态五星级、岗位操作标准五星级、店内营销动态五星级、店内品牌氛围五星级、社区品牌美誉五星级。

编写个性化的连锁营运手册一共分为三个阶段：课程编写——培训——实施执行、优化调整。

第一阶段：课程编写——烘焙业特色营运手册编写流程

·成立一个营运手册的专案小组，负责统筹编辑。

·每一组都有各自的工作内容与职责，分头行动，把营运手册需要的内容落实到每个组员身上，把他们的做法、公司的惯例等一一罗列出来，由专人负责编辑记载。

·专案小组编写工作计划，创建甘特图。

我们通过这样的分组，让每一个组都清楚自己的职责和工作内容，能够分头行动，把我们需要的营业手册的内容落实到每一个组员身上，让他们把自己工作中的做法或者公司的惯例罗列出来，再分由专人编写。比如：

A营业组，负责整个营运的收银、收活、清洁、摆货、订单、退货、调货、水吧员、生日蛋糕、电话订单等店务的日常运作和相关流程，他们就要把相关工作标准化并记录下来。B营销组，要把营销的基本理念、销售的技巧、顾客的消费心理、仪容仪表、待客之道、顾客投诉等营销上的工作标准记录下来。C烘焙组，负责原料相关的运货订单和现烤员日常的操作规程，把相关内容记录下来。D裱花组和E生产组的工作类似。E生产组，要把整个生产后方的生产流程、岗位要求、工艺要求等工作记录下来，让一线人员在参与销售的过程中能够知道我们后方的生产和基本的常识。

通过以上的分组分工以及明确岗位职责，同时把专案组的相关成员要开展的工作定下来以后，把它编成工作计划图。按我们的计划来推进专案，通过以上专案的成立，为下一步的培训组打下基础。

以上的案例只是作为一个参考，每个企业都是不一样的，都有自己的个性，营运手册也要根据其个性化做出相应的变化，以企业独特的文化作为支撑点，回归到自己的竞争核心里，应尽可能地编写出最大限度适合自己的营运手册。

当营运手册编写出来后，还可以利用现代先进技术把相关的流程制定为图片、视频等比较人性化，且容易宣传和培训的成品，便于使用。

第二阶段：培训

每一项营运手册的制定者都可以变成内训讲师，这样在培养其他店长的时候就会水到渠成。其实对店长进行营运手册的内训是一个重点，可以趁内训这个过程导入人力资源、生产相关部门的培训。比如，以营业员对这个行业的看法和公司的薪酬架构等作为铺垫。我们要在内训前，根据公司的运营状况制定内训的计划和进展图。

内训的主要步骤：

（1）成立“连锁营运培训”小组。比如A营业组、B营销组、C烘焙组、D裱花组、E生产组，也可以插入人力资源部在公司制度上的培训。

（2）培训小组分工。培训组长负责：制定培训计划（甘特图）和课程安排表。培训组长助理负责：协助培训组长，会议记录和进度跟进督导。

（3）人事行政部负责培训内容。

（4）营业部培训。

注意：培训是一个持续的过程，不是一两天就可以解决的事情，而一两个月可作为一个重点的突破，让大家熟悉、知道并记住这个营运手册，以至于让手册的内容可以达到运作的层面。对于五星级门店，要对其培训进行考核，而且要回炉考核，在往后的执行里也要不断进行反复抽查考核。

第三阶段：实施执行阶段

运营手册的创建和培训的最终目标就是实施与执行。实施与执行阶段是非常重要的，我们针对五星级门店的执行，要成立专门的督导小组。由于很多民营企业中的旧规矩已经根深蒂固，导致很多基本要求不能全面落实，故我们在实施的过程中可以分为两个阶段，其流程一般如下：

成立五星级门店检查小组。

实施策略，根据一些公司企业的不同，策略一般有明察和暗访。

明察：通过五星级门店检查小组，进行定期检查，根据检查结果进行奖励与惩罚。

暗访：组建跨部门评审团或成立顾客委员会，以客人身份体验服务，形成评议。这种审查策略，不少著名的企业都在使用，比如肯德基的“神秘顾客”机制。

五星级门店检查小组制定各种活动与考核。

一般检查小组都要进行如下的工作：五星级门店和服务标兵竞赛活动、五星级门店考核标准、五星级门店竞赛检查情况公布等。这些活动能够提高员工的积极性与工作素质，进而达到提升业绩的目的。

个性化营运手册的总结

营运手册是企业经营的本质思维，表现在运营层面的标准里。设定的运营手册不是一成不变的，它会在工作中不断地修正、优化、调整、补充，甚至整个流程可以根据公司的发展重新制定，这也是营运手册的生命力所在。

对于营运手册的培训也要做到标准化，让每一个员工都了解并且能参与学习。通过标准的考核，让优秀的店长和员工得到提拔。

营运手册在实施的过程中要用“三权分立”的理念来进行实操的督导。标准是大家一起参与制定的，大家应该按照这个标准来执行，做到公平公正，并且借助营运手册的实施，让大家感受到营运手册的权威。

作者简介：烘焙行业经营管理专家，销售与市场的实战家。

服务过国企、外企、合资和民营企业，奋战在销售市场第一线，并参与管理决策。经历20世纪90年代终端市场决战和烘焙连锁十年快速发展阶段，对市场拓展和公司资源整合有实战经验，观点、视角自成一格。周其高先生从2000年开始编制中国烘焙企业自己特色的“五星级门店营运手册”，践行15年，在烘焙民企中引起广泛关注，有多家公司已推行了近十年，成效显著。

擅长领域：烘焙、餐饮。

6 用谈判的思维演讲，用演讲的方式谈判

武向阳

西方有一句谚语：“人有三怕，怕死，怕缴税，怕公众演讲。”可见公众演讲是多么让人望而生畏。有时候在我的“谈判兵法”培训课堂上，我邀请一些企业家朋友作为嘉宾来分享他们学习谈判的见证，其中就有一些企业家对我说：“武老师，我真的不会讲话，你还是邀请别的会讲话的人来分享吧。”刚开始我还以为他们这样说是自表谦虚，因为他们给我的印象就是能说会道，私下跟我探讨一些问题的时候能够滔滔不绝，旁征博引。但是当我执意要邀请他们上台的时候，才发现在台上的他们真的不善于公众演讲，讲起话来断断续续，时常卡壳，甚至思维中断，大脑短路。那时我才知道，他们真的不是自表谦虚，而是真的不会公众演讲，尽管他们的企业做得很不错。

有的人能将工作做得很好，企业也做得很不错，但公众演

讲却是其短板。也许他私底下可以跟你天南地北地聊天，但是一面对大众讲话，就有失水准，不知所云了。这也是可以理解的，因为我们的技能不可能是天生的，都是后天培养和训练出来的，公众演讲的技能更是要通过长期的训练，世界谈判大师罗杰·道森不无幽默地说："你绝对不会在报纸上读到诸如'今天在某某医院一个伟大的谈判专家诞生了'的报道。"没有人是生而知之，都是学而知之的。在现实中，确实不是人人都能公众演讲，但公众演讲是很多做企业的人或是企业管理者最迫切需要掌握的技能。有人说人才不一定善于演讲，会演讲的人一定是人才，我极为赞同这句话。

一个不善于公众演讲的人，大概会有两个方面的障碍：一是勇气不足，二是技巧不够。勇气不足表现为怯场，一上台面对观众就手足无措，六神无主，甚至紧张得脑袋一片空白。技巧不够表现为逻辑思维的条理不清晰和语言组织能力的缺乏，说话不顺畅，甚至词不达意，而这些障碍是可以通过培训克服的。对于公众演讲者来说，经验有时候比能力更为重要，首先要拿出自己的勇气，大胆地走向讲台。只有多上台，多面对公众讲话，才能锻炼出勇气，另外就是要有意识地训练自己的逻辑思维能力和语言组织能力。一个人如果不善于公众演讲，那么可以说，他也不具备很强的谈判能力。我经常在谈判培训课程中跟我的学员说，人是语言的产物。在我的观念里公众演讲已经成为一个人的核心竞争能力。

我在培训学员谈判能力的过程中，会安排一些时间培训学员的公众演讲能力，而我培训的核心可用两句话来概括：用谈判的思维来演讲，用演讲的方式来谈判。

用谈判的思维来演讲。首先要搞清楚，演讲并非没有目的，没有目的的演讲不叫演讲而叫聊天，聊天就是大家无聊就聊聊天气的意思。那我们演讲的目的是什么？无非是要跟听众建立沟通的桥梁，通过我们的语言表达，让听众了解自己、熟悉自己、理解自己、信任自己。实际上这个过程是需要布局的，不能凭一时的兴起，也不能全凭血气行事。也许有的人对于演讲的定义就是气势高昂，声音洪亮，巧舌如簧，我也看到一些初级的演讲者在演讲的时候完全陶醉在自己的高昂情绪里，认为只要情绪高昂，表现出足够的热情，就可以感染听众，这种自嗨型的演讲者其实并不了解演讲的真谛。如果听众听不进演讲者所讲的内容，那么即使声音再洪亮，情绪再高昂都没有用，所谓听而不闻就是这个道理。演讲需要布局，那么何为布局呢？就是演讲要有轻重缓急，要有的放矢，所有的语言和动作都只为进入听众的内心世界，然后将对方带进自己的世界里，让听众与自己同频共振，对自己了解、熟悉、理解和信任。

用谈判的思维演讲，不是简单地说服对方而已，而是要在这一过程中塑造自己在听众心目中的形象。我认为这方面做得比较好的是美国前总统奥巴马。2008年奥巴马作为民主党的总统候选人与共和党的总统候选人约翰·麦凯恩进行了三场电视辩论，说是辩论，不如说两位候选人是当着全国人民的面进行谈判，双方都试图通过电视辩论在选民的心目中树立良好的形象，取得选民的信任，获得选票。在辩论的过程中，麦凯恩倚老卖老，罔顾事实，反复指出奥巴马是一个没有经验的政治菜鸟。面对对方的攻击，奥巴马沉着应战，并没有慌了阵脚，反而以退为进，不跟对方针锋相对，而是找到对方话语中的漏洞来指出对方的错误。毋庸置疑，奥巴马的口才要比麦凯恩略高一筹，语速也比对方要快。但奥巴马的真正优势在于他能用谈判的思维去演讲。他善于发现选民的需求，反复强调他当选后将减轻中产阶级赋税的承诺，牢牢记住自己的目标就是要赢得广大中产阶级的选票。而麦凯恩则意气用事，几乎没有谈判的思维，肆意地打击对手，对奥巴马的人身攻击使得他在三场电视辩论中败下阵来。同样在2012年的总统竞选的电视辩论中，奥巴马对阵罗姆尼，虽然奥巴马在第一场由于状态不佳略输一筹，但是在随后的两场辩论中依然保持着一贯的谈判思维，以不变应万变，步步为营，最终在辩论中树立了自己的形象，成功连任总统的职位。

用演讲的方式谈判。谈判的失败归根结底就是沟通的失败和误解的产生，为什么沟通会失败？除了了解对方的真正需求之外，还要在传送信息的过程中准确恰当地表达，将自己的“意中所有”让对方明白。然而我们在表达的时候常常会出现“意中所有，言中所无”的情况，就这是我们常说的言意矛盾，如何克服言意矛盾？除了用语言表达之外，还需要加上表情和肢体动作，让自己的表情能够立体化。所以古人有云：“言之不足，故嗟叹之，嗟叹之不足，故咏歌之，咏歌之不足，不知手之舞之，足之蹈之也。”用演讲的方式来进行谈判，就是在谈判的过程中除了纯粹的“讲”，还有“演”的部分。不但妙语连珠，巧舌如簧，还惟妙惟肖，绘声绘色，形神兼备。《三国演义》里诸葛亮舌战群儒就是用演讲的方式来谈判，他时而谈笑风生，时而厉声责人，都在谈判的时候加入了丰富的演讲因素。

有人做过一个试验，将两个大学老师对学生讲课的视频同时放给学生看，但视频却是消声的，听不到讲课的声音。不同的是，这两个老师一个讲课的时候并没有肢体动作，也没有太多表情，只是将双手按在讲台上。而另一个老师则充满激情，手之舞之，足之蹈之，表情也十分丰富。学生们看完这两个视频后，基本上一致认为有肢体动作的老师课讲得更好，更受学生的欢迎，学术成就也更高。但是实际情况却是，第一个老师是学校的终身教授，学术成就较后者高出许多。这个例子可以说明肢体动作在演讲中对听众所造成的影响比重是十分大的，同时也可以说明，演讲中“演”的部分对于表情达意是多么重要。用演讲的方式来进行谈判，就是要将谈判的“术”层面进行最大限度地发挥，在气势上压倒对方。

用谈判的思维演讲，用演讲的方式谈判。当我们有意识地用这两个原则来指导我们进行公众演讲和谈判的时候，我们会发现，演讲并没有我们想象的那么难，它不过是一个谈判的过程，谈判的思维就是布局的思维，是以情动人，以理服人的过程。而谈判也不是严阵以待，剑拔弩张的战争，实际上谈判也存在着诸多的布局，甚至这个过程还充满着乐趣，它存在于我们的语言和表演当中。

作者简介：中国实力谈判策划专家，广东省东方谈判发展研究院院长，亚太国际谈判学院院长，世界大师中国行创始人。

武向阳师从克林顿首席谈判顾问、全球畅销书《优势谈判》《绝对成交》作者罗杰·道森，为其中国区总代理人，2012年，他发起并成立亚太国际谈判学院，聘请罗杰·道森为名誉院长，联合推动谈判 3.0 理论体系的发展与应用，致力于成为谈判领袖及谈判型组织的孵化基地。2016 年 2 月，广东省东方谈判发展研究院经广东省民政厅审批成立，武向阳作为主导发起人出任院长。